Derek S. Gates (CFA, Finanzanalyst)

Zukunft Ölsand

Ich widme dieses Buch meiner Frau Darlene, die mein Leben vollkommen macht und meinem Sohn, Tyler, auf den ich alle meine Hoffnungen für die Zukunft setze.

Derek S. Gates (CFA, Finanzanalyst)
Gründer des Sustainable Oils Sands Sector Index™

Zukunft Ölsand

Ein Einstieg in das kanadische Ölsandgeschäft
Der Leitfaden für Investoren

FinanzBuch Verlag

Bibliografische Information der Deutschen Bibliothek:
Die Deutsche Bibliothek verzeichnet diese Publikation in der Deutschen Nationalbibliografie; detaillierte bibliografische Daten sind im Internet über **http://dnb.ddb.de** abrufbar.

Gesamtbearbeitung: Moritz Malsch, Netzwerk Lettrétage, www.lettretage.de
Lektorat: Katrin Schlechtriemen, Gießen
Covergestaltung: Judith Wittmann
Druck: Druckerei Joh. Walch, Augsburg

Frundsbergstraße 23
80634 München
Tel.: 0 89/65 12 85-0
Fax: 0 89/65 20 96

Den Autor erreichen Sie unter:
gates@finanzbuchverlag.de

ISBN: 978-3-89879-268-4

Inhaltsverzeichnis

Danksagung

Mehrere Jahre habe ich benötigt, um dieses Buch fertig zu stellen. Ich möchte meiner Frau Darlene danken, für ihre wertvollen Ratschläge, für ihre Unterstützung und Ermutigung, dieses Buches zu schreiben.

Ich möchte auch meiner langjährigen Kollegin Brenda McNulty danken, die sich die Mühe gemacht hat, das Manuskript zu korrigieren, und für ihren Glauben an das Projekt.

Meine Ansichten über Ölsand wurden über die Jahre hinweg von vielen Menschen geprägt. Ich möchte die Arbeit von John Mawdsley, einem ehemaligen Forschungsanalysten bei Raymond James Ltd., besonders hervorheben. John war ein starker Befürworter dieses Sektors, als dieser für Investoren noch uninteressant war. John ist für mich der scharfsinnigste Analyst, dem ich je begegnet bin.

Dr. Pedro Pereira, Mitvorsitzender des Alberta Ingenuity Centre for In Situ Energy gab tiefe Einblicke in die Zukunft des kanadischen Ölsands. Die Forschung, die an diesem Zentrum durchgeführt wird, verspricht eine Lösung für viele Probleme zu liefern, die derzeit bei der Technologie für die Ölgewinnung aus Ölsand auftreten, und eröffnet einen Blick auf viele Vorteile, die wir in der Zukunft erwarten können.

Schließlich möchte ich die Arbeit des Pembina Institute hervorheben, die sich mit ökologischen Fragenstellungen in Verbindung mit Ölsand auseinandersetzt. Die veröffentlichten Berichte und detaillierten Analysen waren sehr informativ.

Einführung

Der globale Energiesektor wurde in den letzten drei Jahren vollkommen verändert. Ein neuer Trend ist zu erkennen, der voraussichtlich den Investmentsektor für die nächsten Jahrzehnte beherrschen wird: der nachhaltige und ständige Preisanstieg bei der Hauptenergiequelle der Welt, dem Erdöl. Rohöl-Termingeschäfte wurden 1986 zum ersten Mal an der NYMEX Börse gehandelt, der Preis von West Texas Intermediate (WTI) Rohöl wurde meistens zwischen 10 und 40 Dollar gehandelt, mit einem langjährigen Durchschnittspreis von 20 Dollar pro Barrel.[1] Seit 2003 hat sich der Trend dramatisch geändert, und zwar auf Grund von drei Hauptfaktoren, die zusammen dazu beigetragen haben, die Preise über den historischen Höchststand hinaus zu treiben:

- **Weniger neue Erdölvorkommen wurden entdeckt**
- **Anstieg der weltweiten Nachfrage**
- **Mangel an Investitionen in die Infrastruktur der Ölindustrie**

Entdeckungen von Erdöl erreichten in den USA in den 1930er und international in den 1960er Jahren ihren Höhepunkt, trotz der gestiegenen Ausgaben für die Erforschung und der fortgeschrittenen Technologien beim Aufspüren und bei der Gewinnung von Rohöl.[2] Gleichzeitig nahm die weltweite Nachfrage nach Erdöl mit den Jahren ständig zu und steht

---

1 Bloomberg Professional Services, NG1 <Commodity> GPO M <GO> Chart.
2 AAPG Memoirs, Oil & Gas Journal, Raymond James Research, Schätzungen & Analyse.

bei derzeit 84,7 Mio. Barrel pro Tag. Es wird erwartet, dass die Nachfrage auf 98 Mio. Barrel pro Tag bis 2015[3] ansteigen wird. Der Hauptgrund für die gestiegene Nachfrage ist die rasche Industrialisierung Chinas und Indiens sowie der beständig wachsende Bedarf in Nordamerika. Was die Situation noch verschlimmert, ist die Tatsache, dass die bestehende Infrastruktur der Erdölindustrie nicht gerüstet ist, den zu erwartenden zukünftigen Bedarf in den Griff zu bekommen. Investitionen in Ölraffinerien, Pipelines und Supertanker sind erforderlich, um die Versorgung mit Rohöl aufrechtzuerhalten und auszudehnen. Zusätzlich zu diesen langfristigen Problemen werden wir mit einer Welt konfrontiert, die immer abhängiger von der Ölversorgung wird, die sich in Händen einiger weniger Exportländer befindet. Von den 24 Hauptexportländern liegt der Hauptanteil an Reserven in politisch instabilen Ländern wie Venezuela, Nigeria, Sudan, Irak, Iran, Russland und Saudi Arabien.[4]

Trotz dieser Probleme gibt es für die Weltwirtschaft Hoffnung und eine große Chance für Investoren. Der globale Energiesektor verschiebt sein Interesse zu unkonventionellen Quellen wie Steinkohlegas, Ölschiefer und Gas, arktisches Öl und Gas sowie Schwerölvorkommen wie die kanadischen Ölsandvorkommen und Venezuelas Schweröl. Viele dieser unkonventionellen Ressourcen liegen in den Verbraucherstaaten Nordamerikas und Chinas und können bei den heutigen hohen Energiepreisen wirtschaftlich gewonnen werden. Der Kernpunkt dieses Buches soll dazu dienen, den Leser über die viel versprechenden unkonventionellen Ölquellen, Kanadas Ölsandvorkommen, zu informieren und detailliert die gewaltigen Investitionschancen zu diskutieren, die sich dort bieten.

In den vergangenen Jahren hat Kanadas Athabasca Ölsand die internationale Aufmerksamkeit von Politikern, Umweltschützern, Energieexperten und Investoren auf sich gelenkt. Die Leser, an die sich dieses Buch richtet, sind Einzelinvestoren und Großanleger, die auf der Suche nach einem umfassenden und informativen Leitfaden für Investitionen auf diesem Sektor sind. Dieser Leitfaden dient dazu, die Investoren in die richtige Richtung zu weisen, die wichtigsten Themen hervorzuheben und dem Leser maßgebliche Informationen über die Bewertung der zahlreichen Aktien in Verbindung mit Ölsandvorkommen zu liefern.

3 Energy Information Administration, International Energy Outlook 2006, Abb. 26, S. 26.
4 International Energy Agency, Oil Market Report, 12.9.2006.

Dieses Buch ist in vier Hauptteile eingeteilt, die sich den wichtigen Fragen zu Kanadas Ölsandressourcen widmen:

Teil I: Was genau ist kanadischer Ölsand?

Teil II: Warum in kanadischen Ölsand investieren?

Teil III: Was sind die Chancen und Risiken?

Teil IV: Wie kann man in kanadischen Ölsand investieren?

Der erste Teil enthält einen kurzen, geschichtlichen Abriss der Entdeckung und Ausbeutung des kanadischen Ölsands. Zusätzlich kann der Leser etwas erfahren über die aktuellen Gewinnungsmethoden, das Ausmaß der Ressourcen und in welchem Verhältnis diese zu den anderen Ölreserven der Welt stehen.

Der zweite Teil stellt die Argumente vor, warum man in kanadischen Ölsand investieren sollte. Aktuelle Entwicklungen werden diskutiert und eine detaillierte Analyse der Rentabilität dieses Sektors wird mit Hilfe der aktuellen Energiepreisniveaus ermittelt. Eine Übersicht über die laufenden und geplanten Expansionen des Sektors wird zusammen mit Produktionsvorhersagen für das nächste Jahrzehnt vorgelegt. Andere Themen, die in diesem Abschnitt erörtert werden, umfassen die wirtschaftliche und politische Stabilität der Provinz Alberta (wo die meisten Ressourcen zu finden sind), die hohe Hebelwirkung der steigenden Energiepreise auf die Ölsandproduzenten, den Umfang der nicht erschlossenen Reserven und die neueren Technologiefortschritte, die die Kosten reduzieren und die Rentabilität steigern werden.

Der dritte Teil beleuchtet die Chancen und Risiken, denen Investoren auf diesem Sektor begegnen. Die Themen reichen von Kapazitätslimits, Arbeitsmarkt- und Umweltfragen bis zu den Möglichkeiten, die sich auf geopolitischer und technologischer Ebene sowie bei Ölangebot und -nachfrage international ergeben.

Der Schlussteil des Buches behandelt direkt die Investitionen in diesem Gebiet. Dieser Teil umfasst eine Beschreibung der Benchmarks dieses Sektors, den Oil Sands Sector Index™ und wichtige Firmenprofile. Zusätzlich finden sich dort detaillierte Erläuterungen der verschiedenen Investitionsstrategien wie Wachstums- und Ertragsinvestitionen, Nachverfolgung des Sektors, Überbieten des S&P /TSX Capped Energy Indexes und die Reduzierung der Investitionsrisiken durch Hedging.

Ich wünsche mir sehr, dass Ihnen dieses Buch gefällt und so viel Freude macht, wie mir das Schreiben.

Herzlichst

Derek S. Gates (CFA, Finanzanalyst)
Gründer des Sustainable Oil Sands Sector Index ™

Teil I
Was genau ist kanadischer Ölsand?

Kurze Geschichte der Entdeckung von Ölsand und der Entwicklung seiner Ausbeutung in Kanada

Es gibt vier Epochen in der Entdeckung und Ausbeutung von kanadischem Ölsand, die in vier verschiedene Phasen unterteilt werden können:

Entdeckungsphase	**1700**	**bis**	**1919**
Wissenschaftliche Phase	**1920**	**bis**	**1929**
Testphase	**1930**	**bis**	**1959**
Kommerzialisierungsphase	**1960**	**bis**	**1997**

Seit 1997 wird eine rasche Expansion von Aktivitäten in den Ölsandvorkommen im nördlichen Alberta verzeichnet – eine fünfte Phase, die am treffendsten als Massenindustrialisierung charakterisiert werden kann, und auf die näher in Teil II dieses Buches eingegangen wird. In vorliegenden Abschnitt soll ein kurzer geschichtlicher Abriss der wichtigen Ereignisse, die die Phase der Entwicklung kennzeichnen, abgebildet werden.[5]

[5] Alberta Oil Sands Consultations, http://www.oilsandsconsultations.gov.ab.ca/docs/Fact%20Sheet%20Oil%20Sands%20History.pdf#search=%22oil%20sands%20history%22.

Entdeckungsphase – 1700 bis 1919

1719 – Ein Mitglied der Cree First Nations bringt eine erste Ölsandprobe zur Außenstelle Hudson Bay Post in Fort Churchill.

1778 – Ein Forscher namens Peter Pond entdeckt Ölsand, der durch Felsvorsprünge entlang der Flussufer in Nord Alberta sickert und beobachtet, dass die Einheimischen dieses Material für die Abdichtung ihrer Kanus benutzen, um diese wasserdicht zu machen.

1875 – John Macoun, ein Botaniker des Geological Survey of Canada beobachtet, dass die in den Athabasca See fließenden Flüsse auf natürliche Weise das Öl aus dem Ölsand auswaschen. Er beobachtet, dass der Teer nicht mit mineralischem Material vermischt ist, sondern durch dieses hindurchfließt. Dies ist die Grundlage für die heutige Technologie, die Bitumen aus dem Ölsand herauslöst.

1883 – Erste Versuche, mit Hilfe von Wasser das Bitumen vom Ölsand zu trennen, werden von G. C. Hoffmann vom Geological Survey of Canada unternommen.

1906 – Graf Alfred von Hammerstein bohrt nach Öl im Gebiet von Fort McMurray, findet aber anstelle von Öl nur Salzlagerstätten. Zwischen 1906 und 1913 war Salz das einzige Handelsprodukt, das aus dieser Gegend kam.

1913 – Sydney Ells verwendet Bitumen als Straßenbelag. Er überzeugt einen Verbund aus Staat, Provinz und Stadtverwaltung, die Straßen in Edmonton, Alberta, damit zu befestigen. Mit der Hilfe des Mellon Institute of Industrial Research gelingt es, einen Gewinnungsprozess für Öl aus Ölsand zu entwickeln, wofür erhitztes Wasser und Reagenzien verwendet werden.

Wissenschaftliche Phase – 1920 bis 1929

1920 – Dr. Karl Clark schließt sich dem Research Council von Alberta an und beginnt, an einer Methode für die Trennung von Ölsand zu arbeiten.

1921 – Das Scientific and Industrial Research Council von Alberta wird ins Leben gerufen, um die Minerallagerstätten, die Kohleressourcen und Teersandvorkommen zu untersuchen. Es ist das erste staatliche Forschungsinstitut in Kanada.

1921 – Die Alcan Oil Company bohrt im Bitumount-Gebiet etwa 90 km nördlich von Fort McMurray nach Öl.

1922 – Dr. Karl Clark und sein Kollege Sidney Blair bauen eine kleine Trennungseinheit im Keller des Kraftwerks der Universität von Alberta.

1925 – Thomas Draper beginnt, mit Ölsand als Straßenbelagsmaterial zu experimentieren, unbehandelt oder mit Asphalt gemischt. Das Belagsmaterial wurde bei Teilen des Parliament Hill in Ottawa verwendet.

1925 – Robert Fitzsimmons konstruiert einen Prototyp einer Heißwasser-Trennungsanlage in Bitumount.

1927 – Die Alcan Oil Company wird zur International Bitumen Company unter der Leitung von Robert Fitzsimmons. Nach erfolglosen Bohrergebnissen kommt er zu dem Schluss, dass eine Oberflächengewinnung der wirtschaftlichste Prozess ist.

1928 – Dr. Clark und Sidney Blair wird ein kanadisches Patent für den Trennungsprozess von Ölsand mit Heißwasser verliehen, den sie erfunden haben.

1929 – Robert Fitzsimmons produziert einen Dachteer von seinem Gelände in Bitumount, der in Edmonton, Alberta eingesetzt wird. Später produziert er die ersten raffinierten Brennstoffe aus dem Ölsand, da er aber seine finanziellen Reserven vollständig für die Entwicklungskosten ausgegeben hat, muss er den Betrieb zwischen 1932 und 1937 schließen.

Testphase – 1930 bis 1959

1930 – Unter der Leitung von Max Ball, Basil Jones und James McClave bewirbt sich die kanadische Northern Oil Company um mehrere Ölsandpachtgebiete am Horse River und in der Region Athabasca. Später wird die Firma in Abasand Oils Ltd. umbenannt.

1930 – Robert Fitzsimmons verkauft als Erster wirtschaftlich produziertes Bitumen in Edmonton, Alberta.

1936 – Die Fabrik in Bitumount wird verbessert und erweitert, und eine neue Raffinerie wird gebaut. Auch die Anlage von Abasand Oils wird fertig gestellt und hat eine Produktionskapazität von 250 Tonnen pro Tag. Der Abasand-Prozess kombiniert eine Gewinnung durch Lösemittel mit einer Gewinnung durch Heißwasser in einem zweistufigen Prozess.

1941 – Nach mehreren Jahren Verzögerungen und technischer Probleme beginnt die Abasand-Anlage den ständigen Betrieb. Unglücklicherweise brennt das Werk im November 1941 ab. Der Wiederaufbau dauert drei Jahre.

1942 – Lloyd Champion erwirbt die International Bitumen Company von Fitzsimmons und ändert den Namen in Oil Sands Ltd. Um das Jahr 1948 nimmt das Bitumount-Werk den Betrieb wieder auf.

1944 – Nach drei langen Jahren wird der Wiederaufbau des Abasand-Werks abgeschlossen. Ende 1944 folgt die Raffinerie.

1945 – Nach weniger als einem Jahr Produktionsbetrieb entzündet die Lötlampe eines Schweißers zufällig etwas Öl in der Nähe der Trennungsanlage bei Abasand Oils Ltd. Wieder wird das Werk zerstört und brennt bis auf die Grundmauern nieder.

1949 – Die Provinz Alberta übernimmt den Betrieb in Bitumount.

1951 – Alberta ist Gastgeber der ersten Athabasca Oil Sands Konferenz.

1953 – Oil Sands Ltd. wird zusammen mit Abasand Oils, Canadian Oils Ltd., Champion's Oil Sands Ltd. und Sun Oil Co. aus Philadelphia zu einem Konsortium umgewandelt.

1954 – Alberta verkauft das Bitumount-Werk an CanAmera Oil Sands und nutzt es für Tests.

1957 – CanAmera verkauft das Bitumount-Werk an die Royalite Oil Company.

1958 – Royalite schließt den Betrieb in Bitumount.

Kommerzialisierungsphase – 1960 bis 1997

1962 – Die Great Canadian Oil Sands Company beginnt den Bau eines ersten Großwerks in Mildred-Ruth Lake, nördlich von Fort McMurray. Das Hauptwerk, das zwischen 1964 und 1967 gebaut wird, kann über 31.000 Barrel pro Tag produzieren.

1964 – Syncrude Canada Ltd. wird gegründet.

1967 – Die Great Canadian Oil Sands Company wird am 30. September offiziell eröffnet, in Anwesenheit des Premierministers von Alberta, Ernest Manning, der die Zeremonie moderiert.

1974 – Syncrude wird eine staatlich-wirtschaftliche Arbeitsgemeinschaft, gesponsert von Esso Resources (Imperial Oil), Gulf Canada, Canada Cities Service, Hudson's Bay Oil and Gas sowie der Regierung der Provinz Alberta und der kanadischen Bundesregierung. Der Bau des Werks dauert über vier Jahre und ist für eine Kapazität von über 125.000 Barrel Öl pro Tag konzipiert.

1974 – The Alberta Oil Sands Technology and Research Authority (AOSTRA) wird gegründet.

1978 – Am 15. September eröffnet Syncrude eine neue Ölsand-Anlage bei Mildred Lake.

1979 – Das Werk Great Canadian Oil Sands Werk wird in Suncor Inc., Oil Sands Group umbenannt.

1983 – AOSTRA entwickelt eigene genaue Pläne für eine Untergrundtestanlage für In-Situ- (unterirdische) Tests von Gewinnungstechniken. Der Auftrag der Organisation ist es, Methoden zu entwickeln, um die große Mehrheit der Ölsandvorkommen ausbeuten zu können, die zu tief für den Tagebau liegen. Die Organisation leistet Pionierarbeit bei der Entwicklung des „Steam-Assisted Gravity Drainage"-Prozesses (SAGD, Schwerkraftdrainage mit Hilfe von Dampf), ein Verfahren, das auch heute noch in Gebrauch ist.

1993 – Suncor ersetzt Schaufelradbagger durch den kombinierten Einsatz von LKW und Bagger für Ölsandabbau.

1995 – Suncor und Syncrude kündigen Expansionspläne an. „Aurora", das neue Fördergebiet von Syncrude, das etwa 35 km nordöstlich des Mildred Lake-Geländes liegt, nimmt 2001 den Betrieb auf. „Steepbank Mine", das neue Abbaugelände von Suncor, wird auf der Ostseite des Athabasca Flusses liegen.

1997 – Am 10. März wird Suncor Inc., Oil Sands Group in Suncor Energy unbenannt.

1997 – Am 14. März kündigt Shell Canada Pläne zur Entwicklung eines neuen Betriebs zur Ölsandgewinnung im Wert von 1 Mrd. Dollar bei Lease 13 an, etwa 70 km nördlich von Fort McMurray. Am 25. April verkündet Mobil Oil Canada Pläne zur Erschließung eines weiteren Ölsandprojekts im Wert von ebenfalls 1 Mrd. Dollar bei Lease 36 nördlich von Fort McMurray an.

1997 – Am 24. September beschließt die Regierung der Provinz Alberta das Generic Oil Sands Royalty Regime (Lizenzvergabeordnung). Diese Gesetzesverordnung beseitigt alle anderen Regierungssubventionen für Ölsanderschließungen, schafft einen offenen und fairen Markt für private Unternehmen, die Ölsand erschließen wollen und macht den Weg frei für Ölsandprojekte bis 2010 im Wert von über 60 Mrd. Dollar. Die neue Verordnung reduziert den Förderzins für Ölsandproduzenten auf 1 % bis alle Kapitalkosten ihrer Projekte wieder eingebracht sind. Das Jahr 1997 markiert den Beginn einer neuen Ära in der Erschließung kanadischer Ölsandvorkommen.

2000 – Das Alberta Energy Research Institute (AERI) wird gegründet und übernimmt die vormals von der AOSTRA verwalteten Forschungsprogramme.

2001 – Das Athabasca Oil Sands Project, ein Konsortium unter Teilnahme von Shell Canada, Chevron Canada und Western Oil Sands, beginnt den Betrieb einer Anlage nördlich von Mildred Lake.

2003 – Die von der Provinz Alberta gibt unter dem Titel *Water for Life: Alberta's Strategy for Sustainability* einen Bericht über Wasserressourcen heraus.

2005 – Deer Creek Energy wird von Total SA aus Frankreich aufgekauft.

2006 – Blackrock Ventures wird von Shell Canada aufgekauft.

Wie umfangreich sind die kanadischen Ressourcen?

Die kanadischen Ölsandvorkommen stellen eine der größten Reserven an Rohöl weltweit dar. Basierend auf aktuellen Ausbeutungstechnologien, der Erschließung und wirtschaftlicher Analyen wird davon ausgegangen, dass 174 Mrd. Barrel an abbaufähigem Öl sich in den drei Hauptregionen für Ölsand in Kanada befinden (siehe Abb. 1).[6]

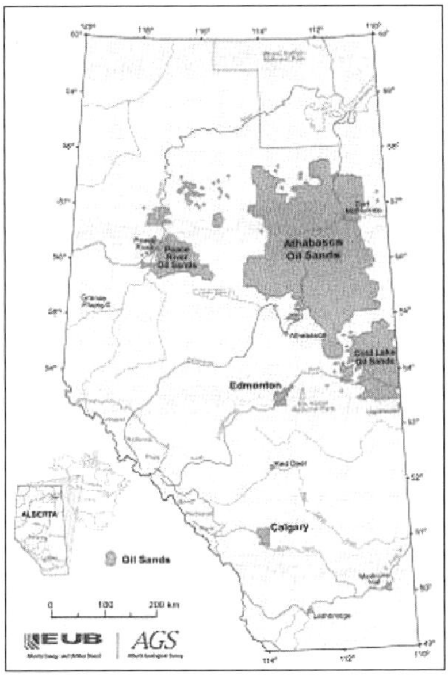

Abb. 1: Schlüsselregionen der Provinz Alberta für Ölsand
Quelle: Alberta Geological Survey, Energy Utilities Board

Das Ölsandgebiet Athabasca verfügt über die größten Ressourcen, die am dichtesten unter der Erdoberfläche liegen und die es gestatten, das Öl im Tagabbau zu gewinnen. Im Vergleich zu anderen bekannten Ölreserven weltweit nehmen die kanadischen Vorkommen den 2. Platz hinter Saudi Arabien ein, das angibt, über 260 Mrd. Barrel Öl zu verfügen (siehe Abb. 2).

6 Alberta Energy & Utilities Board, Alberta's Energy Reserves 2005 and Supply/Demand Outlook 2006–2015, Statistical Series ST98-2006, S. 11.

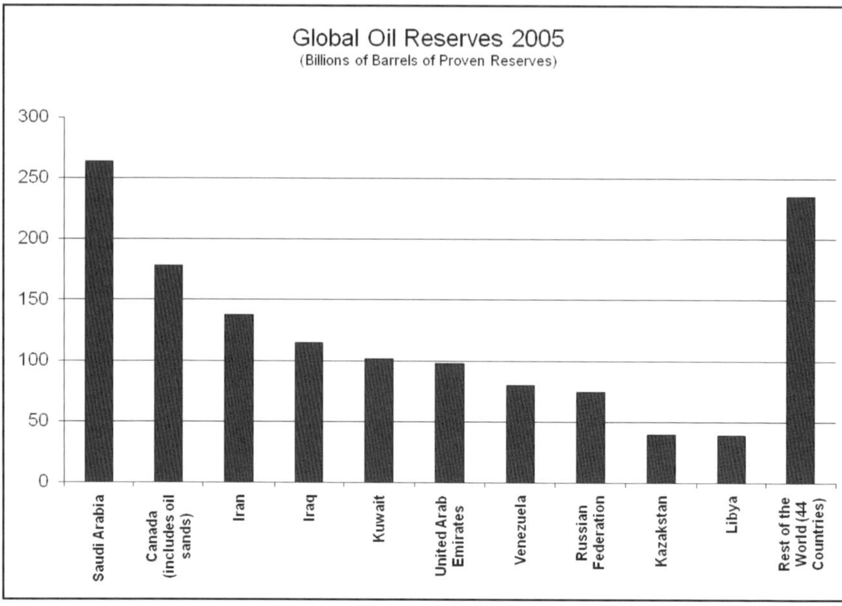

Abb. 2: Globale Ölreserven im Jahr 2005 (in Mrd. nachgewiesener Barrel)
Quelle: BP Statistical Review 2006

Die geschätzten 174 Mrd. Barrel an abbaubarem Öl aus kanadischen Ölsandquellen werden in Zukunft noch zunehmen, da neue Gebiete erschlossen und weiterentwickelte Gewinnungstechnologien eingesetzt werden und die höheren Ölpreise die Gewinnmargen für Ölsanderzeuger verbessern. Laut einer Schätzung der Regierung der Provinz Alberta liegen die gesamten Ressourcen der Region bei 1,7 bis 2,5 Billionen Barrel Öl, von denen gegenwärtig nur 10 % als abbaubar gelten und bislang weniger als 3 % ausgebeutet wurden.[7]

[7] Alberta Energy & Utilities Board, Alberta's Energy Reserves 2005 and Supply/Demand Outlook 2006–2015, Statistical Series ST98-2006, S. 10.

Wie wird das Öl gewonnen?

Kanadischer Ölsand besteht aus einem extrem schweren Öl oder Bitumen (siehe Abb. 3). Die wichtigsten Eigenschaften des Ölsands sind hohe Viskosität (Zähflüssigkeit) und hohe Dichte. Das US-amerikanische Energieministerium ordnet Schweröl einen Dichtegrad von 10 bis 22 Grad spezifisches Gewicht zu (gemäß den Standards der US-amerikanischen Erölindustrie – American Petroleum Industry, API).[8] Leichtes Rohöl, das in Texas (West Texas Intermediary) und in Saudi Arabien vorkommt, wird als höchste Qualitätsstufe erachtet, da es sich am leichtesten zu anderen Produkten wie Benzin und Heizöl raffinieren lässt. Dieses Öl hat einen Dichtegrad von 35 bis 40+ API. Kanadischer Ölsand (ursprünglich als Teersand bezeichnet) ist bedeutend dichter bei 6 bis 10 Grad API. Neben der hohen Dichte erschwert die hohe Viskosität eine Verflüssigung des Ölsands. Der Ölsand weist eine mindestens hundertmal höhere Viskosität auf als das konventionelle Öl, was einen Transport über Pipelines nur mit Hilfe von Verdünnungsmitteln zulässt (Flüssiggase, die mit dem Bitumen vermischt werden, um die Viskosität zu verringern und einen Transport über Pipelines zu ermöglichen).

Abb. 3: Bitumen in Rohform
Foto: Sustainable Wealth Management Ltd.

Die zwei bekannten Gewinnungsmethoden für kanadischen Ölsand sind der Tage- und der Untertagebau. Der Tagebau ist die bevorzugte Methode, wenn sich die Ressourcen nahe unter der Erdoberfläche befinden. Die

8 Wikipedia, API gravity, siehe www.en.wikipedia.org/wiki/API_gravity.

allgemein akzeptierte Höchsttiefe für den Abbau beträgt ca. 75 m. Etwa 20 % der kanadischen 174 Mrd. Barrel abbaubaren Öls können durch so gewonnen werden.[9] In-Situ- (lateinisch für vor Ort), das heißt Untertage-Methoden werden angewandt, wenn die Ölsandvorkommen tief in der Erde verborgen sind. Die In-Situ-Technologie ist ein verhältnismäßig neuer Ansatz, Ölsand zu gewinnen und wird den Tagebau in den nächsten 15 bis 20 Jahren einholen.

Tagebau

Der Tagebau ist die gängigste Methode für die Gewinnung des kanadischen Ölsands. Sie ist bei Ölsandlagerstätten, die sich innerhalb von eines Bereichs von etwa 75 m unter der Erdoberfläche befinden am besten anwendbar (siehe Abb. 4). Die Region Athabasca hat Ölsandressourcen, die nahe genug unter der Erdoberfläche liegen, um auf diese Weise gefördert zu werden.

Abb. 4: Schaufelbagger bei Ölsandabbau
Foto: Sustainable Wealth Management Ltd.

Der Abbau des Ölsands hinterlässt allerdings gewaltige Spuren in der Landschaft. Es ist notwendig, den Abraum (Erdreich, Vegetation, Bäume, Feuchtgebiete usw.) abzutragen, um an die Öllagerstätten zu gelangen.

[9] Canadian Energy Research Institute, Oil Sands Supply Outlook, CERI Media Briefing, 3.3.2004, S. 4.

Etwa 4 Tonnen Material (50 % Erdreich und Steine plus 50 % Ölsand) müssen abgetragen werden, um 1 Barrel (42 Gallonen = 117,34 l) des synthetischen Rohöls zu gewinnen. Die hydraulischen Schaufeln (vgl. Abb. 4) können über 40 m³ pro Aushub abtragen. Drei dieser Ladungen genügen um einen LKW von der Größe eines Caterpillar 797 zu füllen.[10] Diese Fahrzeuge wiegen mehr als eine Boeing 747, sind gut 15 m lang und 7 m hoch und haben Reifen, die zweimal so groß wie Michael Jordan sind (3,96 m). Abb. 5 vergleicht einen LKW, der für den Abbau eingesetzt wird, mit einem normalgroßen Laster. Im Tagebau können bis zu 90 % des in den Lagerstätten enthaltenen Bitumens geborgen werden. Die nicht verwendbaren Rückstände werden auf so genannte Schlackenhalden verteilt. Das Abbauverfahren erfordert große Mengen an Abwasser (2 bis 5 Barrel an Frischwasser) und Erdgas (ca. 7 m³) pro Barrel synthetisches Rohöl, das gewonnen wird. Außerdem muss das Land wieder kulturfähig gemacht werden, nachdem der Abbaubetrieb beendet wurde. Tagebaubetriebe mit kommerziellen Ausmaßen sind seit 1967 in Betrieb, seit der Öffnung der Sun Oil Mine (der heutigen Suncor Energy).

Abb. 5: LKW für Ölsandabbau
Foto: Sustainable Wealth Management Ltd.

[10] The Pembina Institute, Oil Sands Fever, The Environmental Implications of Canada's Oil Sands Rush, November 2005, Dan Woynillowicz, Section 2.1 „Making Oil from Tar", S. 21.

In-Situ-Verfahren (Untertagebau)

Es gibt derzeit zwei In-Situ-Methoden, die angewandt werden: die Methode, bei der Dampf eingeleitet wird, um das Öl mit Hilfe der Schwerkraft zu extrahieren (Steam Assisted Gravity Drainage, SAGD) und die Cyclic Steam Stimulation-Methode (CSS). Beide Methoden dienen dazu, die Bitumenlagerstätten, die in zu tiefen Erdschichten liegen und für den traditionellen Tagebau nicht geeignet sind, auszubeuten. Abb. 6 zeigt die SAGD-Methode zur Extraktion von Ölsand.

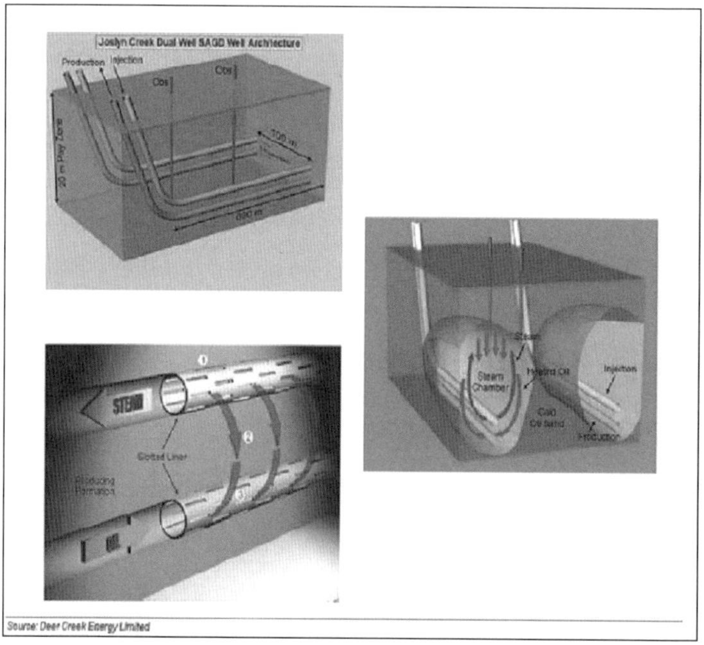

Abb. 6: SAGD-Diagramm des In-Situ-Extraktionsverfahrens
Quelle: Deer Creek Energy Ltd.

In-Situ-Verfahren sind der Schlüssel, um das riesige Potential der kanadischen Ölsandvorkommen zu erschließen. Die Mehrheit der Ölsandlagerstätten liegt in zu tiefen Erdschichten, um nach der Tagebaumethode ausgebeutet zu werden. Das Wachstum der Ölsandförderung wird durch die In-Situ-Produktion angetrieben. Laut der Regierung der Provinz Alberta gelten 93 % der Ölsandreserven als In Situ.[11]

[11] Oil Sands Consultations, Government of Alberta, http://www.oilsandsconsultations.gov.ab.ca/docs/Fact%20Sheet%20on%20Oil%20Sands.pdf, S. 2.

Abb. 7 zeigt im Einzelnen die aktuelle Verteilung der Gewinnungsmethoden, die beim kanadischen Ölsand angewandt werden. Die Analyse für die Abbaumethode zeigt 70 % Tagebau und 30 % In Situ, aber es ist zu erwarten, dass sich diese Aufteilung bis 2020 auf ein Verhältnis von 50 : 50 einpendeln wird.

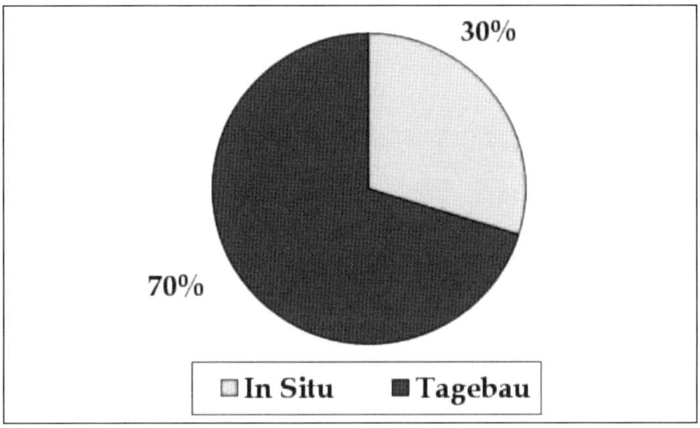

Abb. 7: Extraktionsverfahren für kanadischen Ölsand nach Produktionsleistung
Quelle: Sustainable Wealth Management Ltd., Geschäftsberichte

Teil II

Warum in kanadischen Ölsand investieren?

Aktuelle Entwicklungen

Seit der Einführung des neuen Lizenzverfahrens für Ölsand durch die Regierung der Provinz Alberta im Jahre 1997 wurden über 87 Mrd. Dollar in Ölsandprojekte investiert oder bis 2016 an sie gebunden.[12] Tabelle 1 fasst die Ölsandproduktion Kanadas nach Gewinnungsverfahren zusammen; Tabelle 2 zeigt an, ob alle angekündigten Projekte bis 2020 fertig gestellt werden können.

Tabelle 1: *Bestehende kanadische Ölsandprojekte, Zusammenfassung*

Gewinnungs-verfahren	Derzeitige Produktion (boe pro Tag)	Anzahl der Projekte	Durchschnitts-produktion pro Projekt (boe pro Tag)
Tagebau	751.000	3	250.000
In Situ	324.000	8	40.500
Gesamt	**1.075.000**	**11**	**97.700**

[12] Oil Sands Consultations, Government of Alberta, http://www.oilsandsconsultations.gov.ab.ca/docs/Fact%20Sheet%20on%20Oil%20Sands.pdf, S. 1.

***Tabelle 2:** Zukünftige kanadische Ölsandprojekte, Zusammenfassung (2020)*

Gewinnungs-verfahren	Derzeitige Produktion (boe pro Tag)	Anzahl der Projekte	Durchschnitts-produktion pro Projekt (boe pro Tag)
Tagebau	2.695.000	8	337.000
In Situ	2.772.000	29	96.000
Gesamt	5.467.000	37	147.750

In Tabelle 2 ist zu erkennen, dass der kanadische Ölsand möglicherweise 5,5 Mio. Barrel Öl pro Tag bis 2020 erreichen könnte. Es sollte festgehalten werden, dass diese Zahl abhängig ist von 17 Projekten, die über 1,8 Mio. Barrel Ölproduktion darstellen, was weit über die Planung und das Entwicklungsstadium hinausgeht.

Dieser Abschnitt wird sich nur auf die neun Projekte (1 Tagebau, 8 In Situ) konzentrieren, die bewilligt und seit Mittel 2006 im Bau sind.

***Tabelle 3:** Liste der im Bau befindlichen Ölsandprojekte Kanadas*

Projekt-name	**Betreiber**	**Gewin-nungs-verfahren**	**Anfangs-Produk-tion (boe pro Tag)**	**Zukünf-tige Pro-duktion (boe pro Tag)**	**Erwar-teter Betriebs-beginn**
Surmont	Conoco Philips/Total	In Situ	27.000	200.000	2006
Tucker Lake	Husky Energy	In Situ	35.000	35.000	2006
Joslyn Creek	Total/ Enerplus	In Situ	10.000	40.000	2006
Long Lake	OPTI/Nexen	In Situ	58.500	117.000	2007
Christina Lake	MEG Energy (Private Co.)	In Situ	3.000	140.000	2007
Orion	Shell Canada	In Situ	10.000	20.000	2007
Great Divide	Connacher	In Situ	10.000	30.000	2007
Jackfish	Devon Energy	In Situ	35.000	70.000	2007
Horizon	Canadian Natural Resources	Tagabbau	110.000	435.000	2008
			298.500	**1.087.000**	

Wie aus Tabelle 3 ersichtlich wird, diese neun Projekte werden die kanadische Ölsandproduktion mehr als verdoppeln, wenn die Produktionsziele einmal erreicht sind.

Eines dieser Projekte verdient besondere Aufmerksamkeit: Das „Long Lake"-Projekt, betrieben von OPTI Canada und Nexen ist einmalig, da es als erstes kommerziell die OrCrude™-Technologie anwendet. Diese Technologie verspricht, die Menge an Erdgas zu reduzieren oder gar zu eliminieren, die von den In-Situ-Erzeugern in einem Prozess verwendet wird, in dem Asphaltene (Rückstandprodukt der Raffinierung von Bitumen) in einen gasförmigen Zustand umgewandelt werden. Zusätzlich wird die Anlage Hydrogen für den Raffinierungsprozess produzieren, eigenen Strom erzeugen und das Bitumen vollständig zu einem qualitativ hochwertigen synthetischen Rohöl (synthetic crude oil – SCO) aufwerten.

Der Vorteil dieser Technik ist, dass das Projekt nicht den hohen Kosten von Zusatzleistungen wie teures Erdgas, den Wertverlust des Bitumens und die Verflüssigungsmittel für den Pipeline-Transport ausgesetzt ist. Die Projektleiter sind der Meinung, dass ihre Betriebskosten im Bereich von 5 bis 9 US-Dollar pro Barrel[13] liegen werden – die niedrigsten Betriebskosten in der Branche. Dieses Projekt bildet das Vorbild für die nächste Generation der In-Situ-Ölsandprojekte.

Rentabilität

Die Rentabilität der Ölsandgewinnung unterliegt ständigen Veränderungen und unterscheidet sich von Projekt zu Projekt. In diesem Abschnitt werden wir die Rentabilität verschiedener Ölsandprojekte unter dem Gesichtspunkt der vier wichtigste Faktoren untersuchen: aktuelle Rohölpreise, Erdgaspreise, Qualitätsunterschiede (Wertverluste bei Schweröl gegenüber leichtem Rohöl) und Mehrkosten der Projekte. Andere, zwar wichtige, aber hier vernachlässigte Faktoren sind der Wechselkurs zwischen US-Dollar und dem kanadischen Dollar, Einsatz und Kosten von Verflüssigungsmitteln, Projektverzögerungen, Zeit bis zur Erreichung einer voll ausgelasteten Produktion, Lohn- und Gehaltskosten und umweltbezogene Kosten (Kyoto-Protokolle). Der Einfachheit halber wurden diese Kosten in einer einzigen Zahl pauschal für jedes Projekt zusammengefasst. Es wird davon ausgegangen, dass diese Kosten verglichen mit den Preisschwankungen bei den Rohöl- und Erdgaspreisen verhältnismäßig stabil bleiben.

[13] Long Lake Oil Sands Project, OPTI Canada & Nexen, http://www.longlake.ca/project/technology.asp.

Die Analyse gibt eine Momentaufnahme der Rentabilität der folgenden vier Arten von Ölsandprojekten wieder:

1) Tagebau-Projekt mit voller Veredlung (synthetische Rohölproduktion)
2) In-Situ-Projekt mit voller Veredlung (synthetische Rohölproduktion)
3) In-Situ-Projekt ohne Veredlung (nur Bitumenproduktion)
4) In-Situ-Projekt mit voller Veredlung und Vergasung (synthetische Rohölproduktion)

Für ein Tagebau-Projekt ohne Veredlung gibt es keine Analyse, weil die meisten dieser Projekte viele Milliarden Dollar an Investitionen verschlingen würden und weil die langfristigen Gewinne, die durch den Wertunterschied von Bitumen und Rohöl entstehen, die zusätzlich entstehenden Kosten überwiegen würden.

In den folgenden Abschnitten soll der Einfluss der Rohölpreise, Erdgaspreise, Qualitätsunterschiede von Rohöl und Projektkostenüberschreitung auf die Rentabilität von Ölsandbetrieben erörtert werden.

Rohölpreise

Der bei weitem wichtigste Faktor bei der Rentabilitätsberechnung ist der Preis von konventionellem Rohöl. Niedrige Preise weisen gewöhnlich auf einen Überschuss, eine niedrige Nachfrage oder beides und machen es den Erzeugern von Ölsand schwer, die Gewinnschwelle zu erreichen. Das aktuell hohe Preisniveau ist jedoch für die Erschließung des kanadischen Ölsands und dessen derzeitiger Rentabilität ausgezeichnet. Der Aufwärtstrend ist das Ergebnis einer wachsenden weltweiten Nachfrage,[14] das Aufbrauchen der bestehenden Vorkommen[15] und ein Mangel an Wachstum bei neuen Öllieferungen.[16] Wie in Abb. 8 zeigt, waren die meisten Spitzen bei den Ölpreisen nur kurzlebig in den 1980er und 1990er Jahren, aber der jüngste Anstieg seit 2002 hat sich gehalten. Unserer Ansicht nach wird sich dieser Trend auch noch für weitere zehn Jahre oder sogar noch länger halten, bis die internationale Versorgung die internationale Nachfrage nach Rohöl übersteigt.

[14] ExxonMobil 2005 Annual Report, S. 8 f. erörtert das Wachstum des weltweiten Energiebedarfs im Jahre 2030, auf der Grundlage des aktuellen Niveaus.
[15] Matthew R. Simmons, Energy in the 21st Century: A Rough Ride Ahead, 21.2.2006, Greater Kansas City Chamber of Commerce, Folien 19 bis 22.
[16] John Mawdsley, P. Geol., Raymond James, The Oil Sands of Canada: The World Wakes Up: First to Peak Oil, Second to the Oil Sands of Canada, 28.7.2005, S. 31–48.

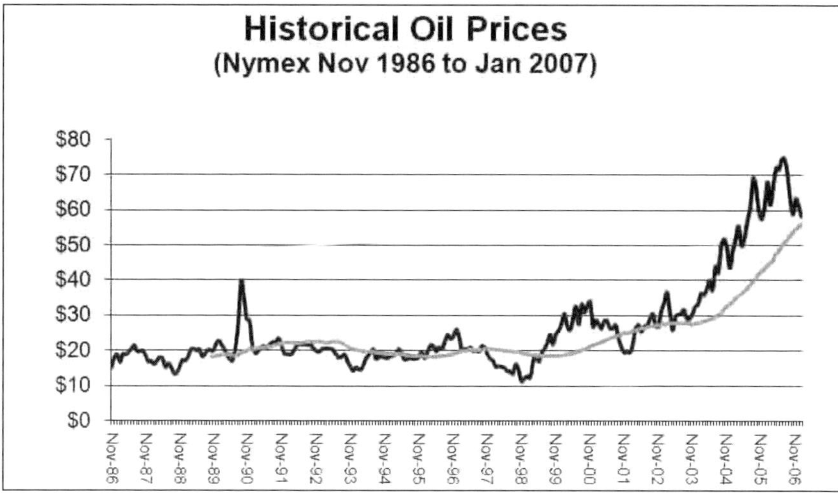

Abb. 8: Historische Rohölpreise, 1986 – 2006
Quelle: Bloomberg, Sustainable Wealth Management Ltd.

Erdgaspreise

Die Verwendung von Erdgas ist ein wichtiger Kostenfaktor für Ölsanderzeuger. Erdgas wird zur Erhitzung des Wassers verwendet, das dazu dient, das Bitumen vom Ölsand bei Tagebauprojekten zu trennen. Es wird auch für den Anreicherungsprozess verwendet, um das Bitumen in synthetisches Rohöl umzuwandeln. Für In-Situ-Projekte wird Erdgas verwendet, um Dampf zu erzeugen, der direkt in das Reservoir eingeflutet wird, um die Viskosität des Bitumens zu senken. Bei allen Ölsandprojekten gehören die Kosten für Erdgas zu den höchsten variablen Kostenfaktoren.

Wie in Abb. 9 dargestellt, steigen derzeit die Erdgaspreise in Nordamerika an. Glücklicherweise waren die Preisanstiege für die Erzeuger von Ölsand nur von kurzer Dauer, doch ein langfristiger Trend zeichnet sich ab. Unternehmen, die Erdgas effizienter nutzen oder ganz auf den Verbrauch bei der Erzeugung von Ölsand verzichten können, werden in der Zukunft bedeutende Kostenvorteile haben. Erdgas ist der größte Posten bei den Betriebskosten für In-Situ-Ölsandprojekte und stellen 60 % der Betriebskosten dar.[17] Tagebaubetriebe verwenden zwar weit weniger Erdgas, es macht dennoch 15 % der gesamten Betriebskosten aus.

[17] The Pembina Institute, Oil Sands Fever, The Environmental Implications of Canada's Oil Sands Rush, November 2005, Dan Woynillowicz, Section 2.2 „Fuel for the Oil Sands", S. 24 f.

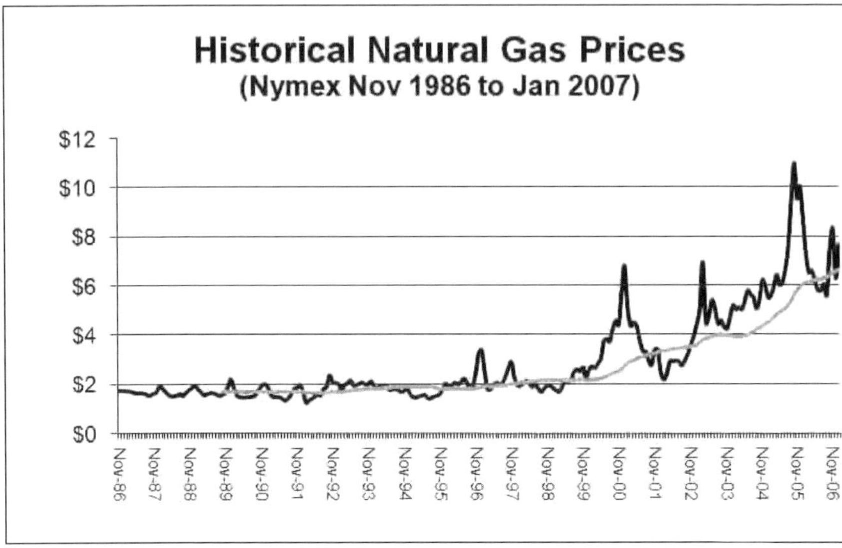

Abb. 9: Historische Erdgaspreise, 1986 bis 2006
Quelle: Bloomberg, Sustainable Wealth Management Ltd.

Qualitätsunterschiede

Ölsanderzeuger stellen zwei Arten von Produkten her, Bitumen und synthetisches Rohöl. Synthetisches Rohöl ist Öl von hoher Qualität, das einfach zu anderen Produkten raffiniert werden kann, wie Benzin, Heizöl und Kerosin. Synthetisches Rohöl wird etwa zum gleichen, manchmal aber auch zu einem höheren Preis wie leichtes Rohöl gehandelt. Bitumen hingegen ist eine teerartige Substanz, die eine teure Raffinierung und Veredelung erfordert, bevor es in nützlichere Produkte umgewandelt werden kann. Die zusätzlichen Kosten für diese Veredelung erhält man, indem man den Preis für Bitumen vom Ölpreis abzieht. Abb. 10 zeigt, dass Bitumen in den letzten zehn Jahren zu 50 bis 90 % des Wertes von leichtem Rohöl gehandelt wurde.[50] Da die konventionelle Versorgung mit leichtem Rohöl nachlässt, werden Raffinerien umgebaut, um das schwerere Öl aus kanadischem Ölsand behandeln zu können. Durch die gesteigerte Nachfrage nach Bitumen, um die konventionelle Rohölversorgung zu ersetzen,

[50] Sustainable Wealth Management Ltd., Bloomberg Professional Services. Die Preise für leichtes Rohöl wurden mit den Bitumenölpreisen der letzten zehn Jahre verglichen. Bitumen wurde zwischen 50 und 90 % des Wertes des gemischten Benchmarks für leichtes Rohöl gehandelt, bei einem Durchschnitt von 68 % während dieser Periode.

wird sich der Unterschied zwischen Bitumen und Rohöl langfristig auf 70 bis 80 % annähern. Gegenwärtig liegt der historische Durchschnitt der letzten zehn Jahre bei 68 %.

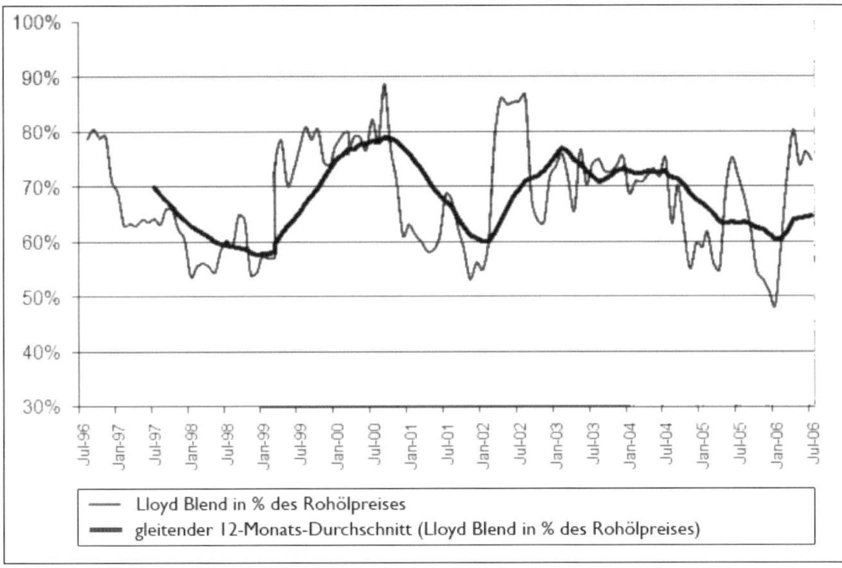

Abb. 10: Schweröl in % der Rohölpreise, 1996 – 2006
Quelle: Bloomberg, Sustainable Wealth Management Ltd.

Projektkostenüberschreitungen

Kostenüberschreitungen sind ein Hauptproblem für Erzeuger von kanadischem Ölsand. Die Gründe für die Kostenüberschreitungen reichen von Material- und Facharbeitermangel bis hin zu Baukosten in weit entfernten und kalten Gegenden. Der Hauptgrund für Kostenüberschreitungen ist der Druck, dass mehrere Mega-Projekte in kurzer Zeit in einer weit entfernten Gegend mit begrenzter Infrastruktur errichtet werden sollen. Kostenüberschreitungen wirken sich negativ auf die Gewinne der Investoren aus, da sie die Anfangskapitalkosten eines Projektes dramatisch erhöhen, die Kapitalrendite (return-on-investment) reduzieren und die Amortisationsdauer eines Projektes in die Länge ziehen. Tabelle 4 beleuchtet die Kostenüberschreitungen bei neueren Ölsandprojekten:

***Tabelle 4:** Neuere Ölsandprojekte: Kostenüberschreitung*

Betreiber	Projekt	Anfangskosten (in Mrd. Dollar)	Revidierte Kosten (in Mrd. Dollar)	Kostenüberschreitung	Zusatzproduktion (in Barrel SCO pro Tag)	Kosten pro Barrel (in Dollar)
Shell, Western Ölsand, Chevron	Athabasca Ölsand Projekt	7,3	11	51 %	100.000	110.000
Canadian Natural Resources	Horizon Ölsand Projekt	8,5	10,5	24 %	110.000	95.500
Verschiedene, Joint Venture	Syncrude Expansion	5,7	8,3	46 %	112.000	74.100
Nexen/ OPTI	Long Lake	3,4	3,4	0 %	60.000	56.700

Das „Long Lake"-Projekt von Nexen/OPTI ist noch im Rahmen des Budgets, aber es dauert noch zwei Jahr bis zur Fertigstellung. Alle anderen Projekte unterlagen zeitlichen Verzögerungen und Kostenüberschreitungen, die sich auf die Kapitalrendite ausgewirkt haben. Jedoch legen einige der Projekte wie das „Athabasca"-, „Horizon"- and „Syncrude Expansion"-Projekt den Grundstein für eine spätere Expansionen, die vielleicht die höheren Anfangskosten wieder wettmachen. Ein weiterer wichtiger Faktor, den man berücksichtigen sollte, ist dass die ersten drei Projekte der Tabelle Tagebauprojekte sind, während das „Long Lake"-Projekt ein In-Situ-Projekt (nach dem SAGD-Verfahren) ist. Weitere In-Situ-Ölsandprojekte wie das „Cold Lake"-Projekt von Imperial Oil und das „Tucker Lake"-Projekt von Husky Energy liegen noch im Zeitrahmen und innerhalb des Budgets.

Rentabilitätsanalyse der kanadischen Ölsanderzeuger

Die meisten Öl- und Gasanalysten, die sich mit den kanadischen Ölsanderzeugern beschäftigen, entwickeln eigene Modelle, um die Rentabilität eines jeden Unternehmens zu bestimmen. Im Allgemeinen zeigen die Vorhersagen, dass bei Rohölpreisen von über 30 bis 40 US-Dollar pro Barrel die Mehrheit der Ölsanderzeuger eine Kapitalrendite von über 15 % pro Jahr erzielen können.[19] Viele der Rentabilitätsmodelle, die von Börsenmaklern veröffentlicht werden, hinken den aktuellen Rohölpreisgestaltungsniveaus hinterher, weil die Analysten zurückhaltend sind, wenn es darum geht, die jüngsten hohen Preise auch für die Zukunft vorherzusagen. Das Rentabilitätsmodell, das hier angewendet wird, basiert auf der aktuellen Marktlage. Es verwendet historische Durchschnitts- und Rohstoffpreise in der Zukunft bis 2011, um die Rentabilität eines typischen Ölsandbetriebs zu ermitteln. Jeder Ölsanderzeuger kann es einrichten, die aktuellen Preise einzufrieren und das Preisrisiko für Rohstoffe wesentlich verringern, während gleichzeitig die heutigen hohen Kapitalrenditen sichergestellt werden können. Tabelle 5 zeigt die in diesem Rentabilitätsmodell verwendeten Annahmen auf.

Tabelle 5: *Wichtige Prämisse: Ölsand-Rentabilität*

Projekttyp	Projekgröße (in boe pro Tag) und -kosten (in Mrd. Dollar)	Rohölpreise	Erdgaspreise	Bitumenpreise	Kostenüberschreitung	Erdgasverwendung (btu pro Barrel)	Weitere Betriebskosten (in % der Rohölpreise)
Tagebau mit Veredelung	100.000 SCO 5,5	Terminhaldenpreise vom 18.8.2006	Terminhaldenpreise vom 18.8.2006	kein Nachlass für SCO	50 %	0,70 Mio.	21 %
In Situ mit Veredelung und Vergasung	60.000 SCO 3,4	Terminhaldenpreise vom 18.8.2006	Terminhaldenpreise vom 18.8.2006	kein Nachlass für SCO	30 %	0,02 Mio	12 %
In Situ mit Veredelung	60.000 SCO 2,8	Terminhaldenpreise vom 18.8.2006	Terminhaldenpreise vom 18.8.2006	kein Nachlass für SCO	20 %	1,20 Mio	10 %
In Situ ohne Veredelung	60.000 Bitumen 1,5	Terminhaldenpreise vom 18.8.2006	Terminhaldenpreise vom 18.8.2006	10-Jahre-Entwicklung 68 % von Rohöl	15 %	1,00 Mio	7 %

Eine weitere wichtige Voraussetzung ist, dass jedes Projekt zu 100 % mit Anteilskapital finanziert wird. Tatsächlich aber sind die meisten Projekte zu 50 % finanziert, was den Investoren mehr Kapitalrendite bringt.

[19] John Mawdsley, P. Geol., Raymond James, The Oil Sands of Canada: The World Wakes Up: First to Peak Oil, Second to the Oil Sands of Canada, 28.7.2005, S. 49. Tagebau und Anreicherungsprojekte haben eine prognostizierte Ertragsrate von 17,8 % bei einem Ölpreis von 42 US-Dollar Öl und einem Erdgaspreis von 7,50 US-Dollar (pro mm btu). Kleinere In-Situ-Projekte haben eine Ertragsrate von 23 %. Bei einem Ölpreis ab 60 Dollar springen die Erträge auf 25 % bei Tagebauprojekten, bei In Situ auf 32 %.

Abb. 11 ist auf der Grundlage neuer Projekten erstellt worden, die innerhalb der ursprünglichen Budgetschätzungen liegen. Der Abfall der Gewinnraten nach etwa zwei bis drei Jahren entsteht durch die höheren Förderzinse, die an die Provinz Alberta zu entrichten sind, nachdem die Projekte alle Kapitalkosten wieder eingebracht haben. Die Kapitalrenditen sind bei der heutigen Marktlage außergewöhnlich.

Die größte Überraschung enthält die Rentabilität von Bitumen-Erzeugern. Diese sind hohen Erdgaspreisen, einem hohem Preisgefälle zwischen Bitumen und Rohöl sowie stetigen Schwankungen bei den Rohölpreisen ausgeliefert. Im Erstellungszeitpunkt dieser Analyse war die Marktlage für Bitumenerzeuger wesentlich günstiger, vor allem, weil Rohöl 12-mal höher als Erdgas gehandelt wird, wesentlich höher als die historische Handelsquote von 7 : 1. Hinzu kommt, dass sich der Preisunterschied von Bitumen in jüngster Zeit verringert hat und die Nachfrage nach allen Ölquellen gestiegen ist.

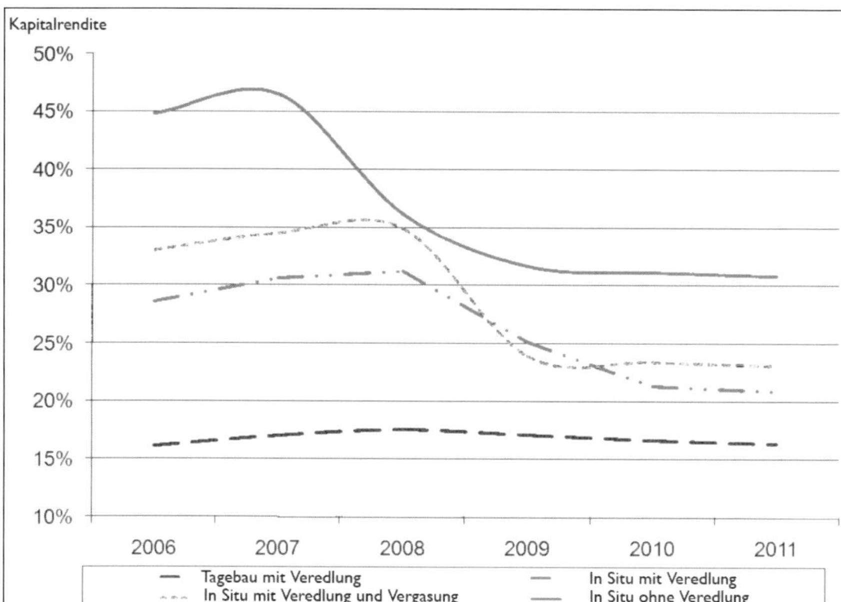

Abb. 11: Kapitalrendite, Prognose 2006 – 2011, ohne Kostenüberschreitung
Quelle: Bloomberg, NYMEX, Sustainable Wealth Management Ltd., verschiedene Geschäftsberichte.

Tatsächlich verzeichnen die meisten Projekte eine deutliche Überschreitung ihres geplanten Budgets. Abb. 12 zeigt die gleichen Vorausberechnungen, nachdem die neuesten Kostenüberschreitungen berücksichtigt wurden.

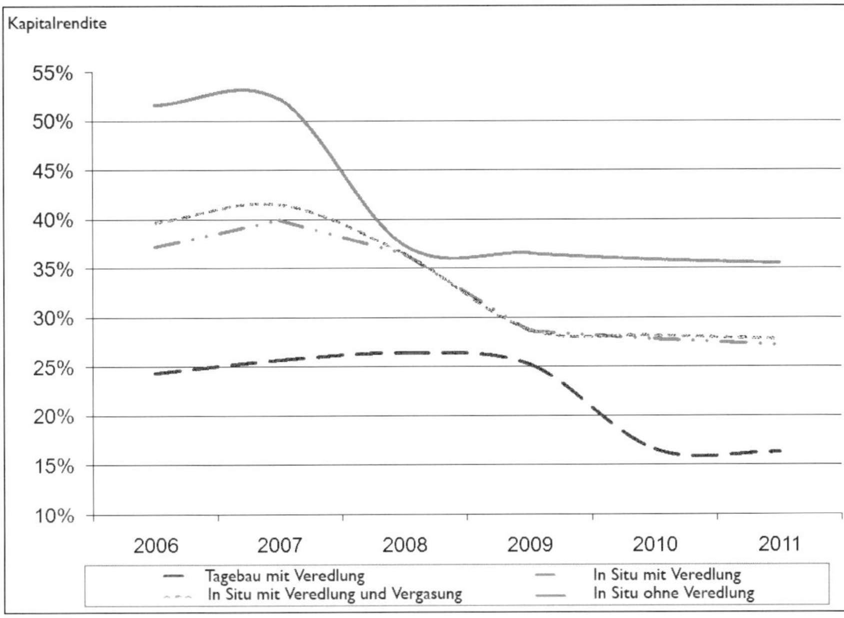

Abb. 12: Kapitalrendite, Vorhersage von 2006 – 2011, nach Kostenüberschreitung
Quelle: Bloomberg, NYMEX, Sustainable Wealth Management Ltd., verschiedene Geschäftsberichte.

Kostenüberschreitungen haben eine nachteilige Wirkung auf die Investitionsgewinne. Tabelle 6 verdeutlicht diese Auswirkungen in Form von niedrigen Gewinnraten und längeren Amortisationszeiten.

Tabelle 6: *Ölsand-Rentabilitätsmodell-Vergleich*

Projekttyp	**Amortisationsdauer (innerhalb des Budgets)**	**Amortisationsdauer (Kostenüberschreitungen)**	**Rückstand bei der Amortisation**	**Verringerung der Kapitalrendite**
Tagabbau mit Veredlung	1.439 Tage oder 3,9 Jahre	2.166 Tage oder 5,9 Jahre	727 Tage oder 2 Jahre	5,6 %
In Situ mit Veredlung und Vergasung	960 Tage oder 2,6 Jahre	1.233 Tage oder 3,4 Jahre	273 Tage oder 0,75 Jahre	6,5 %
In Situ mit Veredlung	920 Tage oder 2,5 Jahre	1.069 Tage oder 2,9 Jahre	149 Tage oder 0,4 Jahre	4,9 %
In Situ ohne Veredlung	704 Tage oder 1,9 Jahre	817 Tage oder 2,2 Jahre	113 Tage oder 0,3 Jahre	4,6 %

Laut unserer Untersuchungen haben kleinere Projekte weniger unter erheblichen Kostenüberschreitungen zu leiden. Der Bau von komplexen Anlagen wie eine Bitumenveredlungsanlage kann zusätzliche Kosten und Zeitverzögerungen bei einem Ölsandprojekt verursachen. In jedem Fall wirken sich Zeitrückstände bis zum Erreichen einer voll ausgelasteten Produktion sowie steigende Kosten negativ auf die Kapitalrendite aus.

Expansionspläne

Tabelle 3 beschreibt Ölsandprojekte, die kurz vor der Vollendung stehen. Solche Projekte werden die Ölsandproduktion Kanadas verdoppeln, und zwar von derzeit mehr als 1 Mio. Barrel pro Tag bis über 2 Mio. Barrel pro Tag bis Ende 2008. In diesem Abschnitt werden Projekte dargestellt, von denen erwartet wird, dass sie zwischen 2009 und 2015 fertig gestellt werden. Die Analyse ist sehr subjektiv, weil viele sprunghafte Faktoren mit einbezogen werden. Die Vorhersagen, die in Tabelle 7 und 8 getroffen werden, sind abhängig von den anhaltend hohen Preisen für Rohöl, der anhaltend hohen Nachfrage, den unveränderten Steueranreizen der Regierung, keinen weiteren Umweltvorschriften und vielen anderen Faktoren.

Tabelle 7: *Pläne zur Ausweitung des Tagebaus, 2009 – 2015*

Projekt-name	**Betreiber**	**Gewin-nungs-methode**	**Anfangs-produk-tion** (boe pro Tag)	**Zukünfti-ge Produk-tion** (boe pro Tag)	**Erwarte-ter Be-triebs-beginn**
Kearl Lake	Imperial Oil/ ExxonMobil	Tagebau	100.000	300.000	2010
Fort Hills	PetroCanada/ UTS/Teck-Cominco	Tagebau	100.000	200.000	2011
Joslyn Creek	Total/ Enerplus	Tagebau	50.000	200.000	2011
Northern Lights	Synenco/ Sinopec	Tagebau	50.000	100.000	2011
			75.000	200.000	

Die Tagebauprojekte sind bedeutend größer als die geplanten In-Situ-Projekte. Die jüngsten Bedenken bezüglich der höheren Baukosten beim Athabasca Ölsand Projekt (Shell/Chevron/Western Oil Sands) hat die Aussichten für diese zukünftigen Tagebauprojekte stark beeinflusst. Im Durchschnitt werden die Anfangsproduktionskosten von mehr als 75.000 Dollar pro Barrel synthetischen Rohöls (SCO) voraussichtlich um 33 % steigen und über die Marke von 100.000 Dollar pro Barrel SCO hinausgehen. Auf der Grundlage dieser Kostendaten werden die Projekte wahrscheinlich bis zu 80 Mrd. Dollar an Kapitalausgaben zwischen 2010 und 2020 für die zusätzliche Produktion von 800.000 Barrel SCO erfordern. Alle diese Projekte befinden sich noch in der Planungs- und Entwicklungsphase der Erschließung und reagieren empfindlich auf widrige Umstände wie einen weiteren Kostenanstieg, niedrigere Rohölpreise und Umwelt- oder Regierungsvorschriften, da dies die Entscheidung beeinflussen kann, ob mit einem Projekt fortgefahren werden soll.

Tabelle 8: *In-Situ-Expansionpläne, 2009 – 2015*

Projektname	**Betreiber**	**Gewinnungsmethode**	**Anfangsproduktion (boe pro Tag)**	**Zukünftige Produktion (boe pro Tag)**	**Erwarteter Betriebsbeginn**
Sunrise	Husky Energy	In Situ	50.000	200.000	2009
Kai Kos Dehseh	N.A. Oil Sands (Privat)	In Situ	10.000	160.000	2009
Halfway Creek	Value Ceation (Privat)	In Situ	10.000	40.000	2009
Meadow Creek	Petro-Canada/ Nexen	In Situ	34.000	34.000	2009
Lewis	Petro-Canada	In Situ	34.000	34.000	2009
Boderealis	Encana	In Situ	nicht bekannt gegeben	100.000	2010
Kirby	Cdn Natural Resources	In Situ	30.000	30.000	2011
Birch Mountain	Cdn Natural Resources	In Situ	25.000	75.000	2013
Leismer	OPTI/Nexen	In Situ	nicht bekannt gegeben	61.500	2013
Cottonwood	OPTI/Nexen	In Situ	nicht bekannt gegeben	61.500	2013
Gregoire	Cdn Natural Resources	In Situ	30.000	102.000	2015 – 2016
Whitesand/ Oderion	Petrobank	In Situ	10.000	50.000	2015+
			233.000	**948.000**	

Im Durchschnitt sind In-Situ-Projekte bedeutend kleiner als Projekte des Tagebaus, aber insgesamt werden sie zwischen 2009 und 2015 in gesteigertem Umfang zu Kanadas Ölsandproduktion beitragen. Es ist leichter, sie in kleinem Ausmaß zu starten und dann zu erweitern, haben geringere Anfangskosten und hinterlassen weniger deutliche Spuren in der Umwelt. Weiterer technologischer Fortschritt, der die Betriebskosten reduziert und die Erschließungsraten verbessert, wird in den nächsten zehn bis 20 Jahren erwartet. Hinzu kommt, dass die Mehrheit der kanadischen Ölsandreserven nur durch das In-Situ-Verfahren abgebaut werden kann.

Steigende Produktion

Die konventionelle Ölproduktion geht in vielen der ölproduzierenden Nationen zurück und ist global gesehen wenig ereignisreich. ExxonMobil schätzt, dass ausgereifte konventionelle Ölquellen derzeit einen Rückgang der Produktion von 6 bis 8 % pro Jahr verzeichnen.[20] Um diesem Rückgang ein Ende zu setzen und mit der wachsenden globalen Nachfrage mithalten zu können, müssen die Ölerzeuger jedes Jahr mehr Ölvorkommen finden und erschließen. Abb. 13 verdeutlicht die Auswirkungen eines jährlichen Produktionsrückgangs um 4 % in einer Welt, die jedes Jahr 2 % mehr Öl braucht.

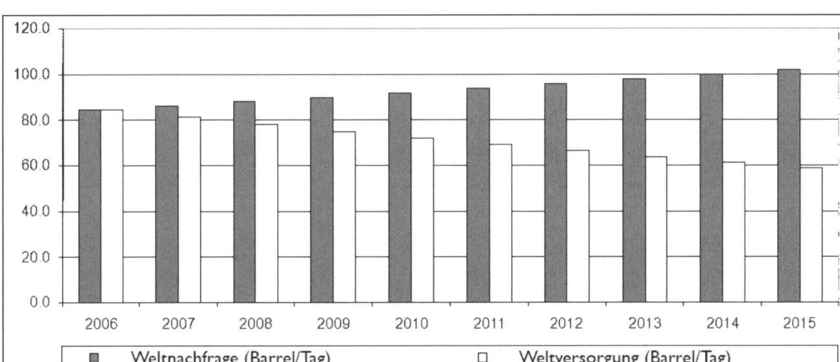

Abb. 13: Vorhersage von Weltanbegot im Vergleich zur Nachfrage nach Öl, 2006 – 2015
Quelle: IEA, Sustainable Wealth Management Ltd.

[20] ExxonMobil PERSPECTIVES, Meeting the Energy Challenge, Dezember 2000, S. 2. Diese Publikation für Aktionäre stellt fest, dass die Rückgangsraten bei der Ölproduktion auf der ganzen Welt 6 bis 8 % pro Jahr betragen. Sie legte ein Diagramm vor, das zeigte, dass 2 bis 3 % des globalen Nachfragewachstums gekoppelt sind an 4 % Produktionsrückgangsraten bei der bestehenden Erzeugung, so dass diese 70 Mrd. Barrel pro Tag an neuer Produktion bis 2010 benötigen würde und bis zu 1 Billion Dollar an Investitionen.

Die Herausforderung für die nächsten zehn Jahre ist eine wirtschaftliche Erschließung neuer Ölressourcen, um einem möglichen Versorgungsengpass zu begegnen. Kanadischer Ölsand wird eine der neuen Hauptquellen für Rohöllieferungen sein, gerade dann, wenn die Welt besonders dringend zusätzliches Öl benötigt. Abb. 14 beleuchtet das mögliche Wachstum der kanadischen Ölsandproduktion in den nächsten zehn Jahren.

Die Prognosen in Abb. 14 basieren auf optimistischen Annahmen, nach denen Projektrückstand, Kostenüberschreitungen, Knappheit an Arbeitskräften und schwankende Energiepreise keines der geplanten Projekte aus der Bahn werfen wird. Konservative Vorhersagen zeigen, dass 2015 die Produktion eher bei 3,3 Mio. boe pro Tag liegen wird. Das bedeutet immer noch eine Verdreifachung der Produktion über einen Zeitraum von zehn Jahren, bei einer durchschnittlichen Wachstumsrate von ungefähr 12 % pro Jahr. Dies wird dazu beitragen, den Rückgang der globalen konventionellen Ölproduktion, der bereits in diesem Kapitel erwähnt wurde, zu kompensieren.

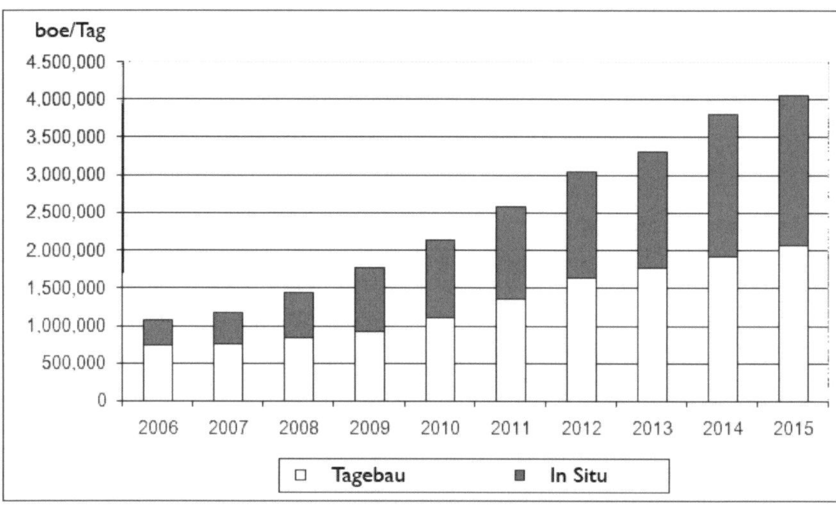

Abb. 14: Wachstum der kanadischen Ölsandproduktion, 2006 – 2015
Quelle: Geschäftsberichte, Sustainable Wealth Management Ltd., Schätzungen

Eine weitere Überlegung betrifft die jährliche Wachstumsrate der Ölsandproduktion. Abb. 15 zeigt deutlich, dass die stärkste Wachstumsphase zwischen 2006 und 2009 liegen wird. Zusätzlich ist das In-Situ-Verfahren die am schnellsten wachsende Gewinnungsmethode in den nächsten zehn Jahren beim kanadischen Ölsand. Es wird erwartet, dass die In-Situ-Produktion jährlich um 20 % wachsen wird, während der Tagebau jährlich um nur 11 % zunimmt.[21]

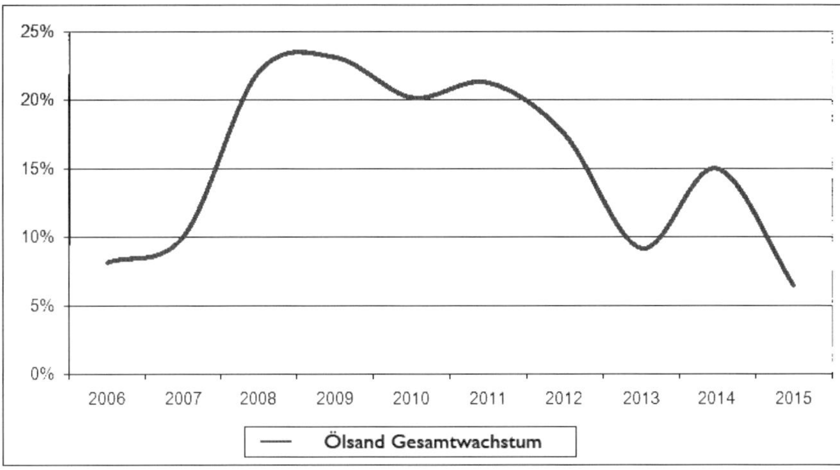

Abb. 15: Gesamtwachstum der kanadischen Ölsandproduktion, 2006 – 2015
Quelle: Geschäftsberichte, Sustainable Wealth Management Ltd., Schätzungen

Bedeutende unerschlossene Reserven

Das Alberta Energy Utilities Board (die Behörde für Energieversorgungsbetriebe der Provinz Alberta) schätzt, dass die Provinz 174 Mrd. Barrel nachgewiesener Reserven und möglicherweise 305 Mrd. Barrel nachgewiesener plus wahrscheinlicher Reserven besitzt.[22] Bis jetzt wurden ungefähr 5 der ursprünglich 179 Mrd. Barrel der anfänglich ermittelten Reserven produziert, was bedeutet, dass 97 % der Ressourcen noch darauf warten ausgebeutet zu werden. Tabelle 9 macht das gewaltige Ausmaß der Ölsandreserven deutlich.

[21] Basierend auf Kalkulationen und Hochrechnungen geplanter Projekte und Expansionen von Sustainable Wealth Management Ltd.
[22] Alberta Energy & Utilities Board, Alberta's Energy Reserves 2005 and Supply/Demand Outlook 2006–2015, Statistical Series ST98-2006, S. 38.

Tabelle 9: *Ölsandreserven, aktuelle Produktionsraten*

	Reserven (in Mrd. boe)	**Produktionsrate (boe pro Tag)**	**Jahre der Produktion zu Spitzenraten**
aktuell unerschlossene Reserven	83,9	1.060.000	217
insgesamt nachgewiesene Reserven	174	1.060.000	452
insgesamt nachgewiesene und wahrscheinliche Reserven	305	1.060.000	788

Das Problem bei den kanadischen Ölsandvorkommen ist die zu langwierige Erschließung. Eine Produktionssteigerung auf 4 Mio. boe pro Tag würde eine Spitzenproduktion für mindestens 60 Jahre ermöglichen. Die aktuellen Projekte haben genug Ölsandreserven entdeckt, um eine Produktion über 55 Jahre lang auf Spitzeniveau zu halten, und sie haben das Potential, weitere 91 Mrd. Barrel auf den bestehenden noch unerforschten Leases zu entwickeln.

Wie in schon Abb. 2 gezeigt hat, sind die kanadischen Ölsandreserven tatsächlich Reserven von Weltklasse, die gerade erst als solche erkannt wurden. Der Schlüssel für Ölsanderzeuger ist eine Maximierung der Produktion auf schnellstem Wege, um die weltweite Nachfrage nach Öl zu Geld zu machen.

Die hohe Hebelwirkung der Ölpreise

Einer der größten Vorteile von kanadischem Ölsand ist die starke Hebelwirkung, die die Erzeuger bei einem Anstieg der Rohölpreise verzeichnen. Ölsanderzeuger konnten sich über herausragende Profitmargen freuen, seit die Ölpreise im Jahre 2004 beständig auf ein Preisniveau von 35 bis 40 Dollar pro Barrel gestiegen sind. Bestehende Ölsanderzeuger haben zwar große Vorlaufkosten, sind aber nicht den steigenden Kosten der Erforschung und Erschließung ausgesetzt und ihre Produktionsprofile gehen nicht wie bei herkömmlichen Ölquellen zurück. Das überträgt sich auf einen unglaublichen Cashflow, sobald die Anfangskosten wieder eingebracht sind.

Laufende Ölsandprojekte haben Betriebskosten von 10 bis 20 US-Dollar pro Barrel. Die jüngsten hohen Ölpreise haben die Amortisationsdauer der Anfangskosten verkürzt, und viele schon bestehende Projekte haben die Kapitalkosten bereits vollständig amortisiert.

Dies setzt sich in höheren Aktienpreisen um und gibt den Ölsanderzeugern die Möglichkeit, ihre nächste Expansionsphase selbst zu finanzieren.

In Abb. 16 wird der Anstieg bei den Rohölpreisen der letzten zwei Jahren mit dem Kursanstieg der ExxonMobil-Aktie verglichen. Exxon lieferte den Investoren nur 53 % Gewinn, während sich die Rohölpreise mehr als verdoppelten. Die Hauptschuld für die niedrige Leistung von Exxon ist die schlechtere Hebelwirkung zum Anstieg des Ölpreises. Letztes Jahr gab ExxonMobil 17 Mrd. US-Dollar aus, um die Produktion von 4,1 Mio. boe pro Tag aufrechtzuerhalten und weitere 23 Mrd. US-Dollar für Aktienrückkäufe und Dividendenzahlungen. Nach unserer Ansicht erschweren die mangelnden Investitionsmöglichkeiten, die Ölproduktion von Exxon zu steigern, was sich in der schlechten Beurteilung der Aktie niederschlägt.

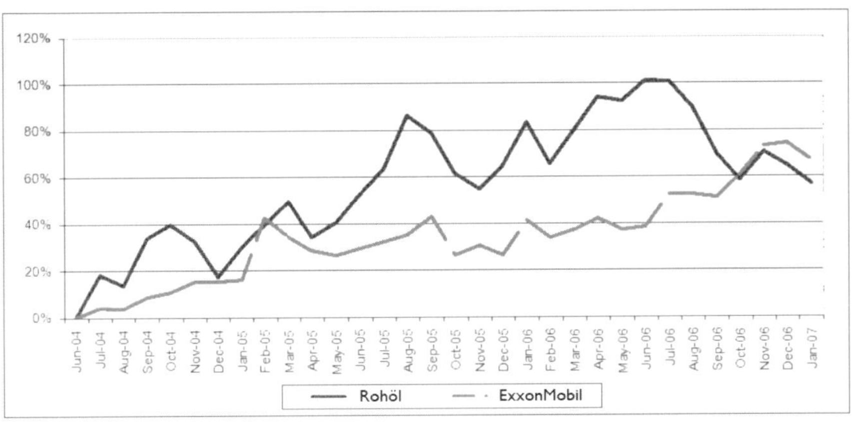

Abb. 16: Bewertung von ExxonMobil im Vergleich zum Preis von Rohöl, Juni 2004 – Juli 2006
Quelle: Bloomberg

Abb. 17 macht deutlich, dass Ölsanderzeuger eine ausgezeichnete Hebelwirkung zum Anstieg der Rohölpreise haben. Nachdem die Rohölpreise in der zweiten Hälfte des Jahres 2004 sechs Monate lang über dem US-amerikanischen Niveau von 40 Dollar gehandelt wurden, konnten die kanadischen Ölsanderzeuger dauerhaft Rohöl überbieten. Der Hauptgrund dafür liegt in dem immensen Profit, den die Ölsanderzeuger generieren, sobald sie ihr Anfangsinvestitionskapital wieder eingebracht haben, und die Ölpreise weiterhin über ihren variablen Betriebskosten liegen. Zusätzlich hat der Markt erkannt, dass die Ölsandproduktion über die nächsten

Jahrzehnte nicht zurückgehen wird, und dass genug Raum für Produktionssteigerungen und eine Zunahme der erschließbaren Ölreserven in der Zukunft bleibt. Während der letzten zwei Jahre hat der Index der Ölsanderzeuger verblüffende 186 % erreicht, um 85 % höher als der Gewinn bei den Rohölpreisen und um 133 % höher als der Gewinn bei ExxonMobil-Anteilen.

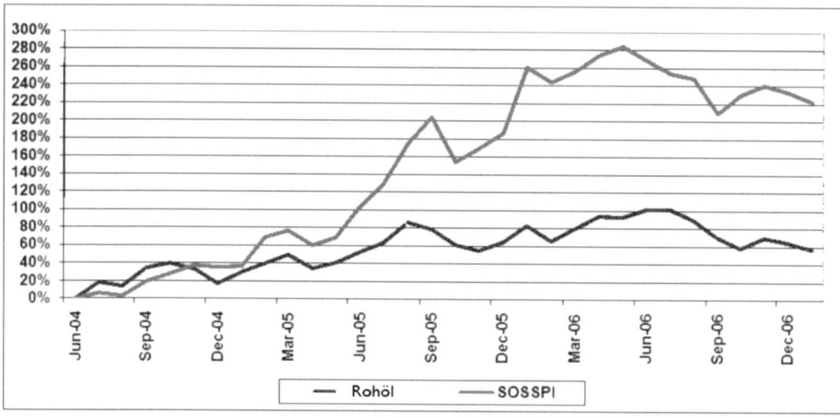

Abb. 17: Bewertung des Sustainable Oil Sands Price Indexes (SOSSPI lt. Bloomberg) im Vergleich zu den Rohölpreisen, Juni 2004 – August 2006
Quelle: Bloomberg und Sustainable Wealth Management Ltd.

Für die nächsten Jahre wird erwartet, dass sich die Ölsandproduktion verdreifacht oder sogar vervierfacht, während die Ölpreise hoch bleiben werden[23] (siehe Abb. 18 unten). Dies wird weiterhin den Aktiengewinnen kanadischer Ölsanderzeugern zugute kommen.

[23] Energy Information Administration, International Energy Outlook 2006, Kap. 1: „World Energy and Economic Outlook", Abb. 11: Vergleich IEO2005 und IEO 2006, Vorausberechnungen des Weltölpreises, 1980–2030, S. 9.

[24] Statistics Canada Reports, Labour Force Survey, Gross Domestic Product Report and Median Total Income (Bericht über Bruttoinlandsprodukt und durchschnittlichem Löhnen und Gehältern) nach Provinz und Bereich. 2004 betrug das mittlere Familieneinkommen in der Provinz Alberta 66.400 Dollar im Vergleich zu 62.500 Dollar für die Provinz Ontario und 55.900 Dollar in der Provinz British Columbia. Die Provinzen Yukon und Northwest Territories hatten höhere Einkommen (67.800 bzw. 79.800 Dollar), hierbei handelt es sich aber um spärlich besiedelte Gebiete und nicht um Provinzen.

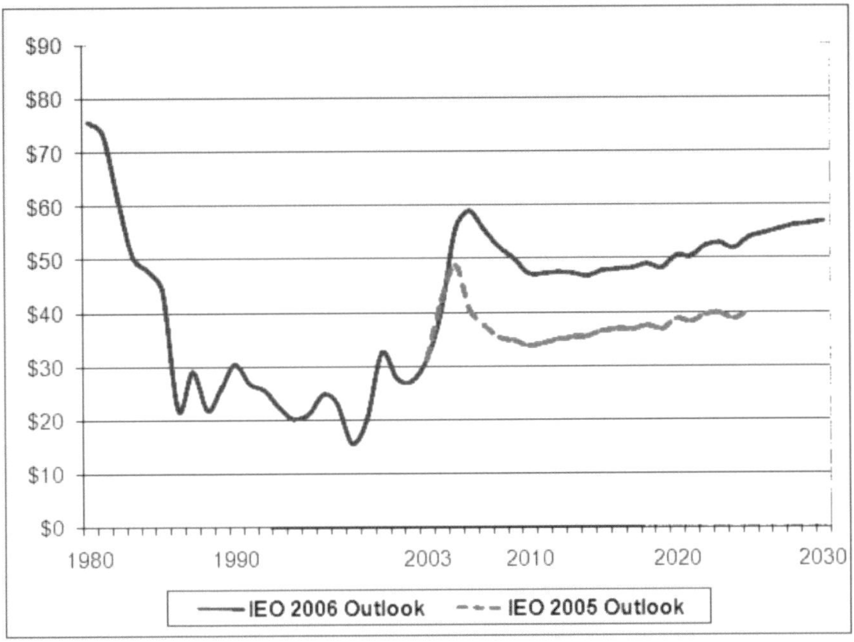

Abb. 18: Internationale Energieperspektiven, 1980 – 2030, Rohölpreisprognosen
Quelle: International Energy Agency, IEO 2006

Wie in Abb. 18 zu erkennen ist, deuten die Prognosen für zukünftige Ölpreise einen Anstieg an. Das Diagramm zeigt, dass die weltweit führende Autorität für Energie, die International Energy Agency, vorhersagt, dass die Rohölpreise über dem Niveau von 40 US-Dollar in naher Zukunft bleiben werden. Das wird den Ölsanderzeugern zugute kommen, da eine steigende Produktion zusammen mit höheren Rohölpreisen ihren Gewinn nach oben treibt.

Wirtschaftliche und politische Stabilität

Die kanadischen Ölsandreservoirs liegen in der reichsten Provinz/Bundesstaat in Nordamerika. Alberta ist nach dem Pro-Kopfeinkommen Kanadas reichste Provinz, ist landesweit führend in den Wachstumszahlen und hat die niedrigste Arbeitslosenrate.[24] Die Provinz hat die folgenden Vorteile, die sehr günstig für Ölsanderzeuger sind:

Tabelle 10: *Wettbewerbvorteil der Provinz Alberta*

	Alberta im Vergleich zum restlichen Kanada und den USA
Verkaufssteuern der Provinz	0 % – niedrigste in Kanada und USA
Ölsandförderzinsrate	1 %, bis das Projekt alle Kosten eingebracht hat, danach 25 %
Personen- und Körperschaftsteuern der Provinz	niedrigste in Kanada
Provinzverschuldung	keine
Provinzhaushalt	mehrere Jahresüberschüsse
Regierungsstabilität	dieselbe politische Partei seit Jahrzehnten
Arbeitsmarktschancen	niedrigste Arbeitslosenrate in Kanada

Wenn man dies mit den anderen ölproduzierenden Regionen der Welt vergleicht, dann stellt sich die kanadische Provinz Alberta als die geschäftsfreundlichste, geopolitisch stabilste Region der Welt dar, in der Öl produziert wird. Zusätzlich werden Eigentumsrechte respektiert und die Verstaatlichung der Ölindustrie ist höchst unwahrscheinlich.

Teil III
Was sind die Chancen und Risiken?

Leistungsgrenzen

Das vielleicht größte Problem, dem die Ölsandproduktion gegenübersteht, ist der Mangel an Möglichkeiten, diese Milliardenprojekte in dünn besiedelten, weit nördlich gelegenen Regionen zu realisieren. Die weltgrößten Abbaugebiete liegen über drei Autostunden von der nächsten Großstadt Edmonton in Alberta entfernt. Die Region umfasst eine der größten Gemeinden in Nordamerika mit 68.454 m^2, aber nur 60.000 Einwohnern laut der letzten Volkszählung im Jahre 2002. Mehr als die Hälfte der Bevölkerung steht in Verbindung mit der Ölindustrie, und über 45 % der Bevölkerung leben länger als zehn Jahre in diesem Gebiet.[25] Das Problem steckt in den Projekten mit einem Wert von mehr als 30 Mrd. Dollar, die in den nächsten fünf Jahren fertig gestellt werden sollen und über 17.000 neue Arbeitsplätze schaffen werden. Statistiken zeigen, dass jeder Arbeitsplatz, der durch die Ölsandwerke geschaffen wird, drei Jobs in der Region mit sich bringen. Gegenwärtig sind es über 8.000 Arbeiter, die in Camps rund um die Ölsandprojekte leben und die in den oben genannten Bevölkerungszahlen nicht mitgerechnet sind.

Bezüglich der Leistungsfähigkeit und der Produktionskapazität stehen vier Punkte im Zentrum:

[25] The Regional Municipality of Wood Buffalo, Regional Profile 2003, S. 2, 23, 25.

- Unterkünfte für die befristeten Bauarbeiter
- Akquirierung von Fachkräften für die Projekte
- stark ansteigende Lebenshaltungskosten
- Mangel an sozialer Infrastruktur

Provisorische Unterkünfte für Tausende von Bauarbeitern sind ein Muss, wenn ein starker Zustrom an Arbeitern besteht. Die Unterkünfte werden von den Ölsandfirmen gebaut und haben gewöhnlich Wohnheimcharakter mit kleinen Zimmern und Gemeinschaftsräumen für Essen und Freizeit (siehe Abb. 19). Der Hausbau kann den Anforderungen für ein dauerhaftes Wohnen nicht entsprechen, trotz der 70 % Wachstum im Jahre 2005. Die Stadt ist besorgt, dass die Zunahme an Arbeitercamps zu einem Anstieg der Kriminalität und zu sozialen Problemen in der Region führen wird.

Ein Unternehmen, Canadian Natural Resources, hat eine einzigartige Lösung für das Problem der Unterbringung der Mitarbeiter während des Baus seines „Horizon“-Projekts entwickelt. Es wird erwartet, dass sämtliche Bauphasen des Projekts 2012 beendet sein werden und dann eine Produktionskapazität von 232.000 boe pro Tag an synthetischem Rohöl erreicht werden kann. Die für die Bauphase benötigten Arbeiter umfassen 6.000 Zeitarbeiter; 2.400 Mitarbeiter werden erforderlich sein, um das Projekt dauerhaft nach der Fertigstellung zu betreiben und zu unterhalten.[26]

Das Unternehmen kommt den Kapazitätsproblemen nach, indem neue Unterkünfte nahe der Baustelle und ein firmeneigener Flugplatz gebaut werden, um Arbeiter aus anderen Regionen einzufliegen, zum Beispiel aus Städten in Britisch Columbia, wo der Bergbau sich im Niedergang befindet. Damit sinkt in der Region der Wohnungsnotstand, während andere Regionen des Landes, die bereits bestehende Unterkünfte, aber wenig Beschäftigungsmöglichkeiten für Facharbeiter haben, davon profitieren.

Abb. 19: Horizon-Project – Provisorische Unterkünfte
Foto: Canadian Natural Resources Ltd.

Beschäftigungsprobleme

Der Mangel an Arbeitskräften ist in Kanadas Ölsandregion ein wachsender Grund zur Besorgnis für die Ölsanderzeuger und Regierungsbeamten. Die Provinz Alberta ist eine der am schnellsten wachsenden Regionen Kanadas mit der niedrigsten Arbeitslosenrate im Land. Ein kürzlich erschienener Regierungsbericht enthält Schätzungen, nach denen in der Provinz in den nächsten zehn Jahren über 400 000 neue Arbeitsplätze geschaffen werden, aber nur 300.000 neue Arbeitskräfte werden wahrscheinlich in den Personalbestand aufgenommen.[27] Dies wird einen wachsenden Druck auf die bereits vorhandenen Facharbeiter ausüben, die erforderlich sind, um die Ölsandprojekte zu errichten. Unternehmen werden riesigen Problemen gegenüberstehen, um ihre besten Arbeiter zu behalten und müssen die höheren Beschäftigungskosten genau planen, um weiterhin wettbewerbsfähig zu bleiben.

Die Regierung von Alberta versucht, dem Problem mit einer groß angelegten Kampagne zu begegnen, um in der Provinz die Versorgung mit Arbeitskräften zu verbessern. Die Strategie der Provinzregierung für die Entwicklung des Arbeitskräftepotenzials sieht Folgendes vor:

- **Verbesserung des Bestands an geeigneten Fachkräften**
- **Entwicklung eines hoch qualifizierten und ausgebildeten Arbeitskräftepotenzials**
- **Ermutigung zum Einsatz technologischer Innovationen**

Die Regierung hofft, ihre Ziele durch hilfreiche Marktinformationen zu erreichen, durch die Unterstützung von Weiterbildungsprogrammen, Förderung von Lehrstellen und Industrieausbildungsprogrammen, sowie Stipendien für Einwohner der Provinz mit einem niedrigen Einkommen.

Trotz dieser Initiativen bleibt die Situation auf dem Arbeitsmarkt gespannt, da sich die Babyboom-Generation in den nächsten zehn bis 20 Jahren aus dem Berufsleben zurückzieht. Bis zu einem gewissen Grad denken die Provinz und die Gewerkschaften darüber nach, ob man nicht Facharbeitern aus aller Welt die Einwanderung ermöglichen sollte, um den geschätzten Bedarf an über 100.000 Fachkräften in den nächsten zehn Jahren zu decken.

---

[26] Canadian Natural Resources, Horizon Oil Sands Project Brochure – November 2006, S. 7.
[27] Provinzregierung von Alberta, Proposed Strategy Addresses Skill and Labour Shortages, 31.1.2006, http://www.gov.ab.ca/home/index.cfm?Page=1320.

Umweltfragen

Umweltfragen drohen weitere Ölsanderschließungen zu verzögern oder sogar zu aufzuhalten. Das Pembina Institute, ein führender Fürsprecher der Umweltbelange in den Ölsandgebieten, veröffentlichte eine umfassende Beurteilung des derzeitigen Status und der zukünftigen Umweltaussichten für die Branche. Die Publikation mit dem Titel *Oil Sands Fever, The Environmental Implications of Canada's Oil Sands Rush*, ist eine außerordentlich gut recherchierte und dokumentierte wissenschaftliche Arbeit über die Auswirkungen von Ölsand auf die Umwelt.

Der Bericht stellt die Auswirkungen der unverantwortlichen Nachfrage nach Öl in Nordamerika als eines der Hauptanliegen vor.[28] Der Reichtum an kanadischem Ölsand wird als eine Quelle für günstiges und lokal zur Verfügung stehendes Öl beschrieben, das dem Bedarf Nordamerikas an Benzin und Kerosin entgegenkommt. Der Bericht zeigt genau auf, dass selbst eine rapide Erschließung der kanadischen Ölsandvorkommen nicht mit dem steigenden Bedarf an Rohöl Schritt halten kann, und dass das tatsächliche Problem das ineffiziente Transportsystem ist, an das man sich in Nordamerika angewöhnt hat. Der Kraftstoffverbrauch erreichte 1986 seinen Spitzenwert mit 10,7 l pro 100 km, 20 Jahre später liegt der Durchschnitt bei 11,2 l pro 100 km.[29] Wenn 72 % eines Barrels Rohöl als Kraftstoff verwendet werden, ist klar, dass eine Verbesserung der Kraftstoffwirtschaft eine dramatische Auswirkung auf unseren Ölbedarf hätte.

Die Hauptanliegen in Bezug auf die Umwelt werden in dem Bericht wie folgt dargestellt:

- Einsatz sauberer Brennmaterialien (Erdgas), um verunreinigte Brennstoffe (Bitumen) zu extrahieren und zu raffinieren
- sprunghaft steigende Treibhausgasemissionen
- sprunghaft steigender Verbrauch der Wasserressourcen
- Luft- und Wasserverschmutzung
- Verwendung von Erdgas

[28] The Pembina Institute, Oil Sands Fever, The Environmental Implications of Canada's Oil Sands Rush, November 2005, Dan Woynillowicz, S. 17 und 18. Abb. 7 zeigt, dass 72 % des gesamten Rohöls für Transportkraftstoff verbraucht werden. Abb. 8 vergleicht den privaten Spritverbrauch in Europa mit dem amerikanischen und stellt dabei den Unterschied als unverantwortlichen Bedarf dar.

[29] The Pembina Institute, Oil Sands Fever, The Environmental Implications of Canada's Oil Sands Rush, November 2005, Dan Woynillowicz, Section 1.6 „The Impacts of Irresponsible Demand", S. 17 und 18.

Abb. 20 zeigt deutlich, dass der Einsatz von Erdgas durch Ölsanderzeuger langfristig nicht nachhaltig ist. Basierend auf den aktuellen Trends wird sich der Erdgasverbrauch bei der Ölsandproduktion in den nächsten 15 Jahren verdreifachen und wird um 2020 über 28 % der kanadischen Produktion ausmachen.[30] Der wirtschaftliche Verlust durch den Verbrauch von reinen fossilen Brennstoffen wie Erdgas für die Gewinnung eines niedrigwertigen, hochkarbonhaltigen Brennstoffs (Bitumen) wird Milliarden Dollar pro Jahr betragen. Zusätzlich verlangsamt sich die Versorgung mit Erdgas in Nordamerika,[31] jedoch steigt die Nachfrage nach Stromerzeugung und Heizung für Wohnungen und Unternehmen weiterhin an.[32] Irgendwann werden diese Probleme gelöst werden müssen. Um in Zukunft wettbewerbsfähig zu bleiben, werden Ölsanderzeuger daran arbeiten, sich vom Einsatz von Erdgas zur Bitumengewinnung unabhängig zu machen. Dies hat bereits mit der neuen Generation an Ölsandprojekten eingesetzt, mit dem „Long Lake"-Werk von Nexen und OPTI Canada, wo ein niedrigwertiges Produkt (Petrolkoks) in eine wertvolle Ressource umgewandelt wird.

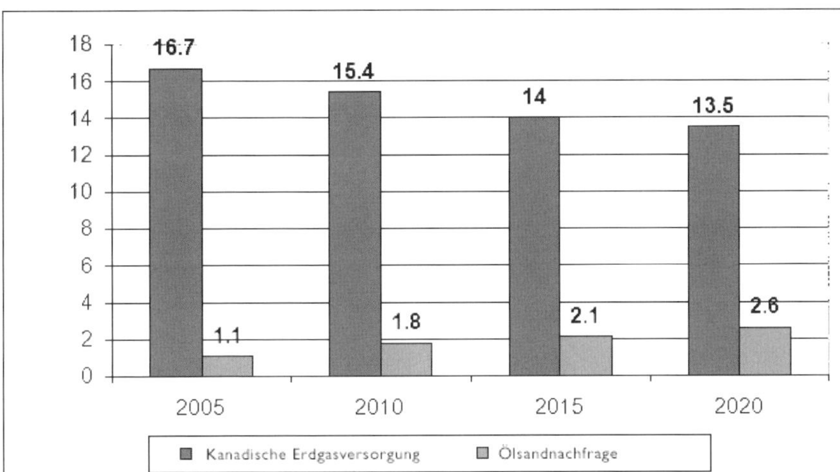

Abb. 20: Kanadische Erdgasversorgung im Vergleich zur Ölsandnachfrage, 2005 – 2020 (in Mrd. cf)
Quelle: NEB, AEUB, Sustainable Wealth Management Ltd., Schätzungen

30 National Energy Board, Canada's Oil Sands, Opportunities and Challenges to 2015: An Update, Eine Einschätzung des Energiemarktes, Juni 2006, S. 16 f.
31 Alberta Energy & Utilities Board, Alberta's Energy Reserves 2005 and Supply/Demand Outlook 2006–2015, Statistical Series ST98-2006, S. 115.
32 Alberta Energy & Utilities Board, Alberta's Energy Reserves 2005 and Supply/Demand Outlook 2006–2015, Statistical Series ST98-2006, S. 121, Abb. 5.31: Albertas marktfähiger Gasbedarf nach Sektoren.

Treibhausgasemissionen

Seit dem Kyoto-Protokoll von 1997 stehen Treibhausgasemissionen im Rampenlicht. Unglücklicherweise gehört Kanada zu den größten Produzenten von Treibhausgasen, und der Ölsand liefert den größten Beitrag zu diesem Problem. Trotz einer Verbesserung bei der Emissionsintensität pro Barrel der Produktion von über 26 % im letzten Jahrzehnt steigt die gesamte Emission der Treibhausgase durch den Ölsand. Da 2000 die Ölsandproduktion 3 % der gesamten Emission Kanadas darstellte (23 Mt), ist das eine 45 % Zunahme über dem 1997 für das Kyoto-Protokoll berechneten Niveau.[33]

***Tabelle 11:** Schätzungen zukünftiger Treibhausgasemissionen*
Quelle: Pembina Institute[34]

Szenario und Energiequelle	Jährlicher Rückgang der Treibhausgas-emissionen	2015 – jährliche Treibhausgas-emissionen (in Mt)	2030 – jährliche Treibhausgas-emissionen (in Mt)
Szenario 1 – Erdgas	2,3%	57	83
Szenario 2 – Erdgas	1,0%	66	118
Szenario 3 – Ölsand	2,3%	94	138
Szenario 4 – Ölsand	1,0%	97	175

Tabelle 11 zeigt, dass im schlimmsten Fall der Ölsand über 22 % der derzeitigen Treibhausgasemissionen Kanadas bis 2030 ausmachen würde. Ein weiteres Problem hängt mit der Lösung des Erdgasverbrauchs zusammen, der oben erläutert wurde: Die Vergasung von Koksrückständen würde die Treibhausgasemissionen um über 50 % im Vergleich zur weiteren Verwendung von konventionellem Erdgas erhöhen.

33 The Pembina Institute, Oil Sands Fever, The Environmental Implications of Canada's Oil Sands Rush, November 2005, Dan Woynillowicz, Section 3.1 „Escalating Greenhouse Gas Emissions“, S. 28 ff.

34 The Pembina Institute, Oil Sands Fever, The Environmental Implications of Canada's Oil Sands Rush, November 2005, Dan Woynillowicz, Section 3.1 „Escalating Greenhouse Gas Emissions“, S. 29. Exakte Kopie der Tabelle 3: Szenarios für Treibhausgasemissionen aus Ölsandgebieten 2015 und 2030.

Eine weitere Sorge ist, dass die Ölsandproduktion einen steigenden Anteil an der gesamten kanadischen Rohölproduktion ausmacht. Abb. 21 vergleicht die Intensität des Treibhausgases der konventionellen Ölproduktion mit der Produktion von synthetischem Rohöl aus Ölsand. Für jedes Barrel synthetisches Öl, das aus Ölsand gewonnen wird, wird dreimal mehr Treibhausgas in die Atmosphäre gebracht. Derzeit besteht die kanadische Ölproduktion aus 50 % konventioneller Produktion und 50 % Produktion aus Ölsand, doch es wird davon ausgegangen, dass sich bis zum Jahr 2020 das Verhältnis auf 80 % Ölsand- und 20 % konventionelle Gewinnung verschiebt. Dies ist ein globaler Trend, da die konventionelle Ölgewinnung gleichbleibend ist, während die unkonventionelle Produktion aus Ölsand ansteigt. Je mehr die weltweite Produktion aus unkonventionellen Quellen stammt, desto schneller werden die Treibhausgasemissionen in Zukunft ansteigen.

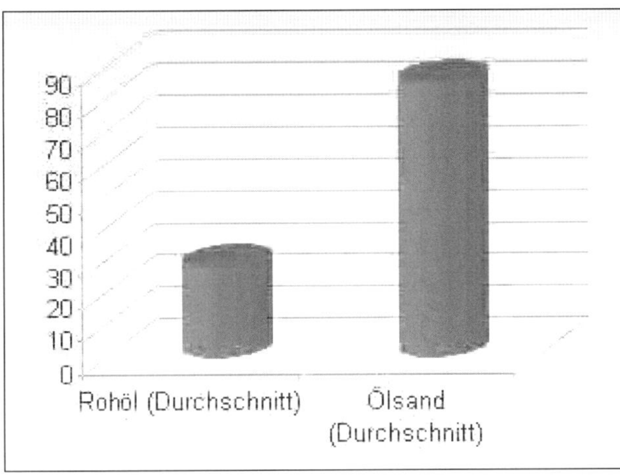

Abb. 21: Durchschnittliche Treibhausgasintensität im Vergleich von konventionellem Öl im Vergleich zu synthetischem Rohöl aus Ölsand (in kg CO_2 pro Barrel Öl). Quelle: Pembina Institute[35]

Abschließend lässt sich zu diesem Thema sagen, dass die Kosten für die Erreichung des Kyoto-Protokolls für die großen Hauptemissionsquellen wie die Ölsandprojekte relativ gering sind. Durch den Kauf von Emissi-

[35] The Pembina Institute, Oil Sands Fever, The Environmental Implications of Canada's Oil Sands Rush, November 2005, Dan Woynillowicz, Section 3.1 „Escalating Greenhouse Gas Emissions", S. 31. Exakte Kopie der Abb. 15: Durchschnittliche Treibhausgase bei der konventionellen Ölerzeugung gegenüber der Erzeugung von synthetischen Rohöl aus Ölsand.

onsrechten werden pro Barrel weniger als 0,35 Dollar aufgeschlagen, unter Anwendung eines Emissionskostensatzes von 15 Dollar pro Tonne CO_2.[36] Wenn die Ölpreise weiterhin mit über 60 Dollar pro Barrel gehandelt werden, wird dies keine wesentlichen Auswirkungen auf die Ölsanderzeuger haben. Lösungen dieses Problem liegen im technologischen Fortschritt. Ein vielversprechender Vorschlag sieht vor, dass das CO_2 wieder in die konventionellen Öl- und Gasquellen zurückgeleitet wird. Dies wird einen zusätzlichen Vorteil für das Anwachsen der Produktion bei alten konventionellen Öl- und Gasfeldern mit sich bringen. Zusätzliche Investitionen in die Infrastruktur werden erforderlich sein, aber auch mit der heutigen Technologie kann dies durchgeführt werden. Um diese Herangehensweise wirtschaftlich attraktiv zu machen, müssten die Kosten für die Erfüllung des Kyoto-Protokolls beträchtlich steigen, um Investitionen oder neue Vorschriften zu rechtfertigen, die von der Regierung auferlegt würden, um die Erfüllung durchzusetzen.

Wasserverbrauch

Der Wasserverbrauch der Ölsanderzeuger ist enorm und wird mit der zunehmenden Produktion noch weiter steigen, bedingt durch die gegenwärtige Extraktionstechnologie. Das von den Ölsanderzeugern benutzte Wasser kommt aus zwei Quellen: Oberflächenwasser und Grundwasser. Das Oberflächenwasser kommt in erster Linie aus Seen und Flüssen, vor allem aus dem Athabasca Fluss. Der Fluss ist über 1.538 km lang, und damit der längste Fluss in Alberta, der in den Athabasca See fließt. Der Tagebau von Ölsand erfordert zwischen 2 und 5 Barrel Wasser pro Barrel gewonnenem Öl. Die Unternehmen haben die Erlaubnis, jedes Jahr 2,2 Mrd. Barrel Wasser aus dem Fluss abzuleiten, und es wird vermutet, dass nur 10 % der zugebilligten Wassermenge wieder in den Fluss zurückgeleitet werden.[37]

Wasserwiederaufbereitung ist auf dem Ölsandsektor weit verbreitet; Firmen wie Imperial Oil brauchen nur 5 % Frischwasser für ihren „Cold Lake"-Betrieb. Das größte Problem bei der Rückführung des Wassers in den Produktionskreislauf ist die Reinigung, damit es die Dampfgeneratoren nicht beschädigt. Andere Unternehmen verwenden für ihre Betriebe nur Brackwasser aus unterirdischen Wasserschichten und recyclen das Wasser

[36] John Mawdsley, P. Geol., Raymond James, The Oil Sands of Canada: The World Wakes Up: First to Peak Oil, Second to the Oil Sands of Canada, 28.7.2005, Abb. 25: Minimale Kosten in Verbindung mit der Ausführung des Kyoto-Protokolls, S. 55.
[37] The Pembina Institute, Oil Sands Fever, The Environmental Implications of Canada's Oil Sands Rush, November 2005, Dan Woynillowicz, Section 4.2.1 „Troubled Waters: The Athabasca River", S. 38.

aus den Rückstandbecken, in denen das Abwasser aus dem Ölsandabbau gesammelt wird. Trotz des weit verbreiteten Einsatzes von Wiederaufbereitungsanlagen wird der Wasserbedarf weiter ansteigen, je mehr die Ölsandproduktion zunimmt. Fortschrittliche Technologien als Alternative zur wasserbetriebenen Extraktionstechnologie werden in den nächsten Jahrzehnten zunächst nicht zur Verfügung stehen.

Luft- und Wasserverschmutzung

Treibhausgasemissionen sind nicht das einzige Umweltproblem, das durch die Ölsandproduktion entsteht. Abwasser aus dem Extraktionsprozess wird normalerweise in riesigen Pools, den Rückstandbecken gesammelt. Dieses Abwasser enthält Reste von Bitumen, Wasser, Sand, Schwemmstoffe und feine Tonpartikel. Die Becken machen in der Athabasca-Region eine Fläche von über 50 km^2 aus, und die Deiche, die sie zurückhalten, gehören zu den größten Dämmen der Welt. Da sich Sand, Silt und Ton auf dem Boden dieser Becken ablagern, kann das Wasser in die Ölsandanlagen zurückgepumpt und erneut für den Extraktionsprozess verwendet werden. Das Hauptproblem dieser Rückstandbecken ist die Verschmutzung, die durch das Restbitumen und die schweren Elemente verursacht wird. Diese können auslaufen und in den Boden und das Oberflächenwasser eindringen.

Eine Lösung des Problems wird von der Titanium Corp. entwickelt, die über vier Jahre in Forschung und Entwicklung für eine geeignete Technologie investiert hat. Diese Technologie kann die wertvollen Schwermineralien wie Titanium und Zirkon, die die Rückstände enthalten, aufschließen. Laut jüngstem Unternehmensbericht wird angenommen, dass Ölsand das größte Potential wertvollster Vorkommen an Titanium und Zirkon auf der ganzen Welt haben dürfte.[38] Die Erschließung einer wertvollen Ressource und die Beseitigung eines Schadstoffs im Wasser würde einen enormen langfristigen Gewinn darstellen, und es steht zu hoffen, dass andere Unternehmen dem Beispiel der Titanium Corporation folgen werden.

Ein weiteres Problem im Zusammenhang mit dem Wasserverbrauch ist das Absinken des Grundwasserspiegels, da viele Unternehmen Wasser aus den unterirdischen Wasserreservoirs abpumpen. In den nächsten 15 Jahren ist mit einer Verdreifachung des Wasserverbrauchs in allen Ölsandprojekten zu rechnen, was dem Wasserverbrauch einer Großstadt mit 6 Mio. Einwohnern entsprechen würde.

---

[38] Titanium Corporation, Leading the recovery of Titanium and Zircon from Canada's Oil Sands, Strategic Research Institute, 5.10.2006, Präsentation, Houston, Texas, Folie 37, Zusammenfassung; http://www.titaniumcorporation.com/s/Home.asp.

Luftverschmutzung durch die kanadischen Ölsanderzeuger ist ebenfalls ein wachsendes Problem. Die Provinz Alberta steht bereits bei der Emission von Industrieabgasen in Kanada an erster Stelle und liegt noch vor der Provinz Ontario, in der die Schwerindustrie angesiedelt ist. Die beiden Hauptverschmutzer der Luft durch Ölsand sind Stickstoff und Schwefeldioxid.

Abb. 22 und Abb. 23 zeigen, dass durch die Ölsandproduktion mehr als doppelt so viele dieser beiden Schadstoffe in die Luft abgegeben werden als bei der konventionellen Ölproduktion. Im Augenblick ist die Luftqualität der Region ähnlich wie in den Metropolen Calgary und Edmonton im Süden, aber es ist unwahrscheinlich, dass dies so bleiben wird, wenn sich die Produktion in den nächsten 15 Jahren verdreifachen wird.

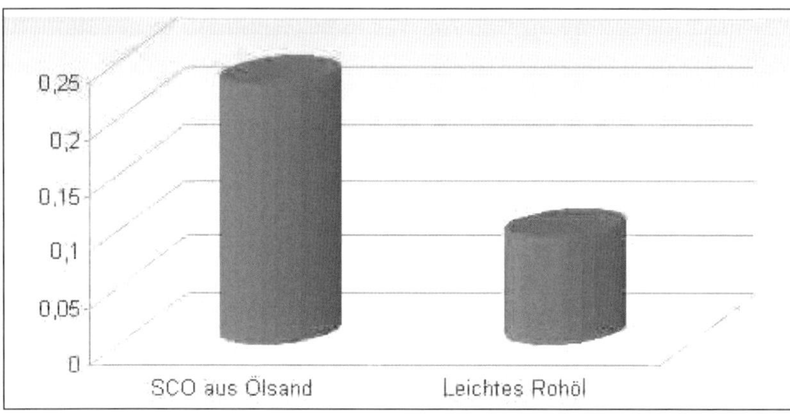

Abb. 22: Stickstoffemissionen von konventionellem Öl im Vergleich zum Ölsand (in kg pro Barrel)
Quelle: Pembina Institute[39]

[39] The Pembina Institute, Oil Sands Fever, The Environmental Implications of Canada's Oil Sands Rush, November 2005, Dan Woynillowicz, Section 4.4 „Environmental Impacts: Polluted Air", S. 55. Exakte Kopie der Abb. 24: Nitrogenoxidintensität bei der Erzeugung von synthetischem Rohöl aus Ölsand im Vergleich zu konventionellem Öl in Alberta.

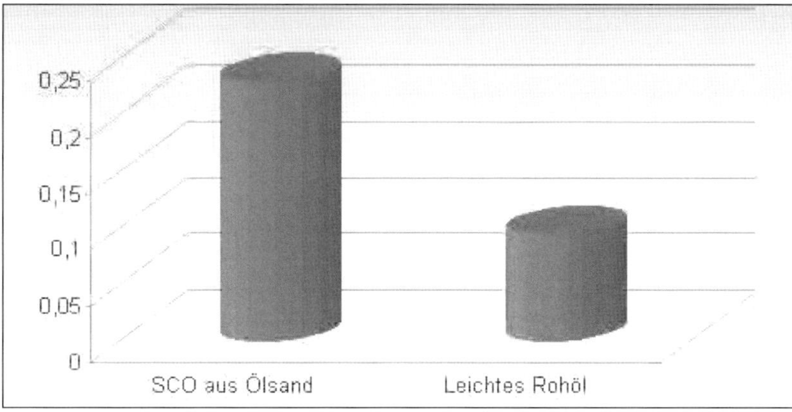

Abb. 23: Schwefeldioxidemissionen von konventionellem Öl im Vergleich zum Ölsand (in kg pro Barrel)
Quelle: Pembina Institute[40]

Geopolitische Themen

Die geopolitische Lage begünstigt sehr stark die Erschließung des kanadischen Ölsands. Laut Energy Information Administration, die offizielle Überwachungsstelle der US-amerikanischen Regierung, liegen acht der wichtigsten Exportländer für Amerika in geopolitisch instabilen Regionen.[41]

Wie Tabelle 12 zeigt, sind diese acht Brennpunkte verantwortlich für über 35 % der Ölproduktion der Welt und stellen 40 % des gesamten US-amerikanischen Ölimports dar. Andere Brennpunkte, die den Weltmarkt beeinflussen könnten, sind der Iran, Sudan, Indonesien und Libyen.

Im Vergleich dazu ist Kanada geopolitisch stabil und blickt auf eine lange Geschichte von Handelsbeziehungen mit den USA. Hinzu kommt, dass die Energieinfrastruktur der USA und Kanadas durch ein Netzwerk von Pipelines, Versand- und Lageranlagen sowie Raffinieren verbunden ist. Gegenwärtig ist Kanada der größte Öl- und Gaslieferant für die USA.

---

[40] The Pembina Institute, Oil Sands Fever, The Environmental Implications of Canada's Oil Sands Rush, November 2005, Dan Woynillowicz, Section 4.4 „Environmental Impacts: Polluted Air", S. 55. Exakte Kopie der Abb. 25: Schwefeldioxidintensität bei der Erzeugung von synthetischem Rohöl aus Ölsand im Vergleich zu konventionellem Öl in Alberta.
[41] Energy Information Administration, Official Energy Statistics for the U.S. Government, http://www.eia.doe.gov/cabs/World_Energy_Hotspots/Overview.html, September, 2005.

Tabelle 12: *Brenn- und Krisenpunkte der Weltenergie*
Quelle: Energy Information Administration

Land/ Region	**Derzeitige Öl-produktion (Barrel pro Tag)**	**US Öl-Importe (Barrel pro Tag)**	**Gefahren**
Algerien	1.900.000	414.000	bewaffnete Militaristen stehen den Regierungseinheiten gegenüber
Kolumbien	551.000	110.000	Ölexport unterliegt Angriffen von Militanten und Exportgegnern
Ecuador	535.000	316.000	politische Instabilität, Proteste gegen Ölexporte
Irak	2.025.000	516.000	236 Angriffe auf die irakische Ölinfrastruktur (April 2003 bis Mai 2005)
Nigeria	2.500.000	1.071.000	Einkommensmissverhäl tnis, Schwerverbrechen, ethnische Konflikte, Unterbrechungen der Öllieferungen wegen Streiks/Protesten
Russland	9.300.000	419.000	unsicheres Klima für Investitionen
Saudi Arabien	10.400.000	1.614.000	terroristische Angriffe auf Arbeiter an Ölanlagen, Stabilität der regierenden al-Saud Familie
Venezuela	2.900.000	1.579.000	politische Feindseligkeiten, mögliche Verstaatlichung der Ölindustrie
Gesamt	**30.111.000**	**6.039.000**	
Kanada	**3.047.000**	**1.742.000**	**größter Exporteur von Öl in die USA noch vor Saudi Arabien und Mexiko**

Angebot und Nachfrage weltweit

Steigende globale Nachfrage nach Öl und ein Mangel an stabiler und wachsender konventioneller Ölversorgung treibt die Erschließung des kanadischen Ölsands voran. Abb. 24 zeigt die Prognosen für die globale Energienachfrage bis 2030.[42] In den nächsten zwei Jahrzehnten werden erneuerbare Energiequellen wie Solar, Wind und Geowärme ein rasches Wachstum erfahren, aber sie werden keine bedeutenden Marktanteile bei der gesamten Weltnachfrage und -versorgung gewinnen können. Rohöl wird Marktanteile an Kohle und Erdgas verlieren, jedoch werden die gemeinsamen Marktanteile der drei Spitzenbrennstoffe fossiler Art bis 2030 85 % weiter übersteigen, wobei Rohöl den größten Anteil auch weiterhin besitzen wird.

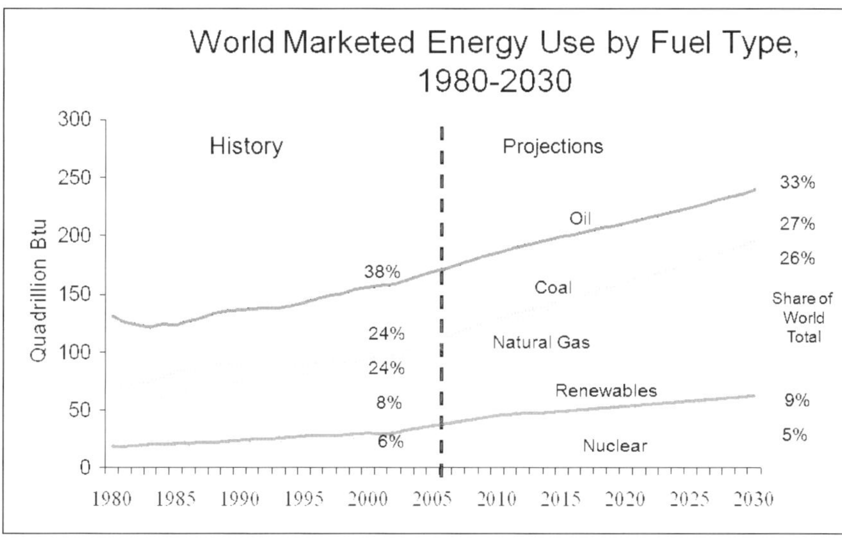

Abb. 24: Primäre Energienachfrage der Welt 1980 – 2030
Quelle: Energy Information Administration, IEO 2006

Die weltweite Energieproduktion ist stark konzentriert. Abb. 25 zeigt die Weltenergieversorgung nach Ländern. Die Hälfte der gesamten Energieproduktion kommt aus gerade einmal fünf Ländern, von denen nur Kanada, Russland und Saudi Arabien einen Überschuss produzieren, der an andere Verbraucherstaaten geliefert wird. Kanada ist mit einem Überfluss an

[42] Energy Information Administration, International Energy Outlook 2006, Kap. 1: World Energy and Economic Outlook, Abb. 10: weltweiter Energieverbrauch nach Treibstoffarten, 1980–2030, S. 8.

allen drei primären Energiequellen gesegnet, also mit Kohle, Erdgas und Öl, und ist der Hauptexporteur für alle drei in die USA. Hinzu kommt, dass Kanada eine stabile Bevölkerung und eine ausgereifte Wirtschaft besitzt, die einen zukünftigen Anstieg im Energieverbrauch in Grenzen halten wird und es dem Land erlaubt, den Export von Energie zu steigern. Saudi Arabien hat eine rasch wachsende Bevölkerungsentwicklung mit rasant zunehmendem nationalem Energieverbrauch für Wasserentsalzungsanlagen und Strom. Sorge um die Stabilität der herrschenden Saud-Familie sowie Schwierigkeiten, die Ölproduktion auszuweiten, erzeugen einen gewissen Grad an Unsicherheit, was die Möglichkeiten der zukünftigen Exportsteigerungen Saudi Arabiens betrifft. Russlands Energieerzeugung schließlich ist abhängig von einem ständigen Investitionszufluss ausländischer Kapitalanleger. Die Art, mit der die russische Regierung das Unternehmen Yukos (Russlands größter Ölexporteur, der wegen Steuerproblemen in die Insolvenz getrieben wurde) behandelt hat, stellt die Sicherheit für ausländische Investoren in den russischen Energiesektor infrage.

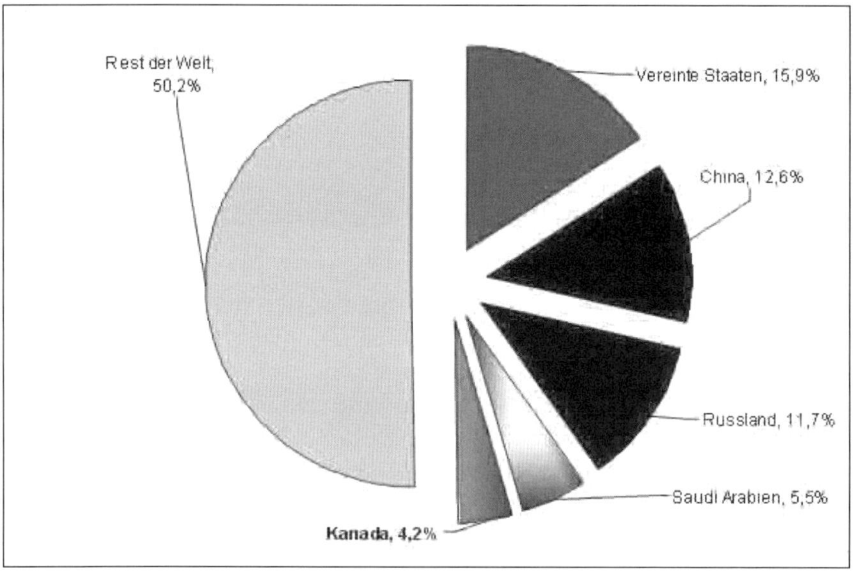

Abb. 25: Globale Energieproduktion nach Ländern
Quelle: Energy Information Administration, IEO 2006

Laut der Energy Information Administration überstieg die Ölnachfrage 2005 die Marke von 82,5 Mio. Barrel pro Tag. Gegenüber 1995 (69,5 Mio. Barrel pro Tag) ist das ein Zuwachs von 18,6 %. Die Daten der letzten drei Jahre zeigen, dass der Bedarf steigend ist, bei 2,2 % pro Jahr und damit deutlich höher als der historische Durchschnitt von 1,7 % pro Jahr. Eine Prognose des Ölbedarfs bis 2015 auf der Grundlage der konservativeren Wachstumsraten zeigt, dass der Ölbedarf sich einer täglichen Menge von 102 Mio. Barrel nähern wird, eine Zunahme, die der momentanen Produktion von Saudi Arabien und Russland zusammen entspricht. Abb. 26 vergleicht den prognostizierten Ölverbrauch der zehn Spitzenverbraucher im Jahre 2015 mit dem Rest der Welt. Der größte Anstieg wird von China erwartet, dessen derzeitiger Verbrauch von 7 Mio. auf 14,5 Mio. Barrel pro Tag steigen wird.

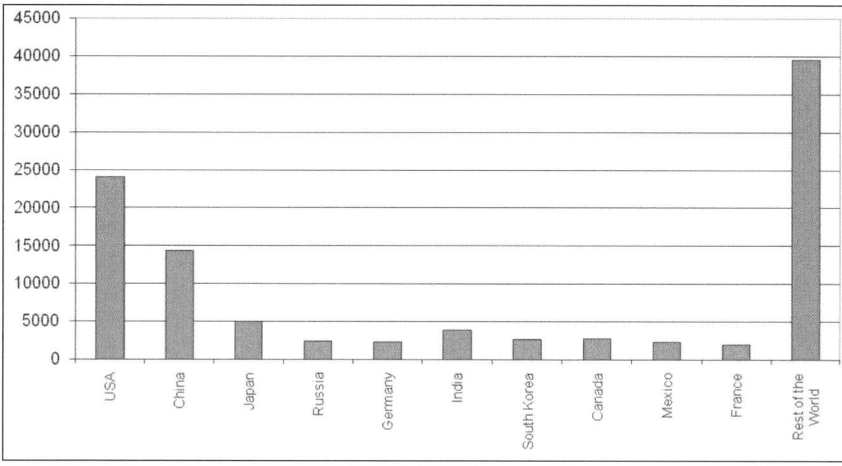

Abb. 26: Weltölbedarf nach Länder, Prognose für 2015 (in 1000 Barrel pro Tag)
Quelle: BP Statistical Review 2006, IEA, Sustainable Wealth Management Ltd., Schätzungen

Die weltweite Nachfrage nach Öl ist genau so hoch wie das Angebot. Abb. 27 zeigt die Verteilung der Weltölversorgung aufgeteilt nach Ländern. Über 60 % aller Ölproduktionen kommen aus den zehn Spitzenländern, von denen nur acht einen Überschuss erzeugen, der in die Verbraucherstaaten exportiert wird. China und die USA sind reine Importeure von Rohöl aus anderen Ländern, und diese Tatsache wird sich auch bis 2015 laut der derzeitigen Nachfrageentwicklung kaum ändern.

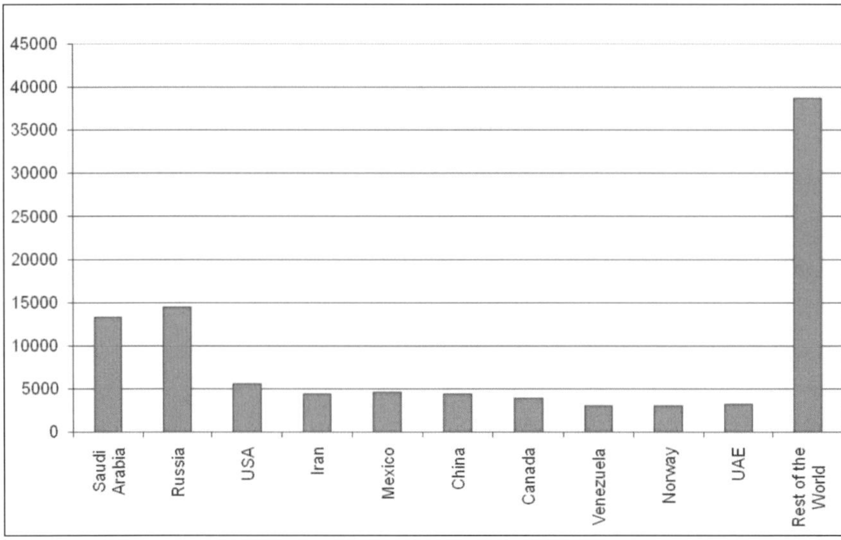

Abb. 27: Weltölversorgung nach Ländern, Prognose für 2015 (in 1000 Barrel pro Tag)
Quelle: BP Statistical Review 2006, IEA, Sustainable Wealth Management Ltd., Schätzungen

Wenn die Welt weiterhin jedes Jahr 2 % mehr Öl braucht, werden sich die Hauptproduzenten anstrengen müssen, um Schritt halten zu können. Abb. 28 zeigt das historische Wachstum der Rohölproduktion der wichtigsten Öl exportierenden Länder. Nur Kanada und Russland scheinen in der Lage zu sein, dem globalen Wachstumsbedarf beim Öl nachzukommen und werden wahrscheinlich während der nächsten zehn Jahre Marktanteile für sich verbuchen können. Von den USA wird angenommen, dass sie auch weiterhin steigende Importe zu verzeichnen haben werden, da die nationale Ölproduktion um etwa 2 % pro Jahr sinkt. Gegenwärtige US-amerikanische Ölimporte betragen pro Tag im Durchschnitt 15 Mio. Barrel, werden aber bis zum Jahr 2020 auf 21 Mio. steigen. Kanada befindet sich in der ausgezeichneten Lage, Exporte in die USA steigern zu können, da die Ölsandproduktion in den nächsten 15 Jahren auf 4 Mio. Barrel pro Tag steigen wird.

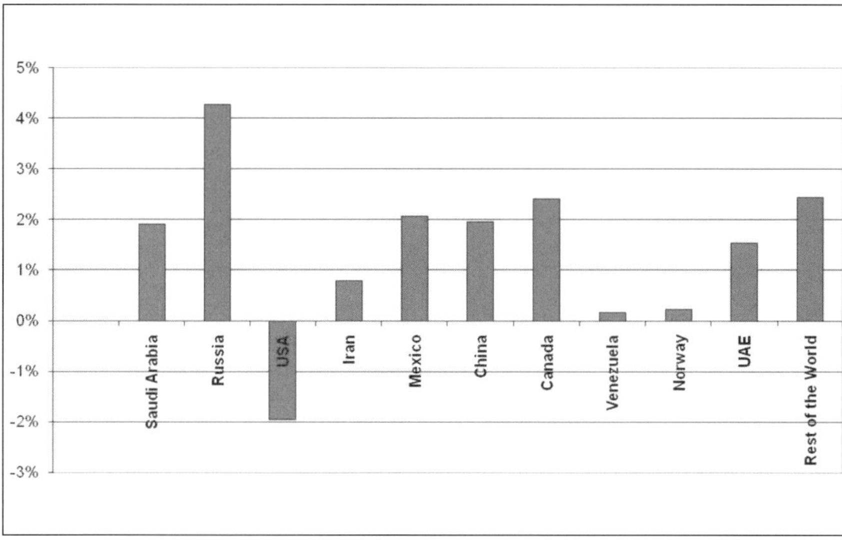

Abb. 28: Jährliches Wachstum (in %) des Ölbedarfs nach Ländern, 1995 – 2005
Quelle : BP Statistical Review 2006, IEA

Neue Technologie

Technologieaspekte werden den ultimativen Wert der kanadischen Ölsandressourcen bestimmen. Gegenwärtig sind nur 10 bis 15 % der kanadischen Ölsandressourcen von 1,7 Billionen Barrel wirtschaftlich mit Hilfe der derzeitigen Technologie und den vorgegebenen Preisgestaltungen ausbeutbar. Neue Technologien werden in den nächsten 20 Jahren dazu beitragen, dass sich der Erschließungsfaktor dramatisch verändern wird. Für jeden Prozentpunkt an Verbesserungen bei den Erschließungsraten kommen 17 Mrd. Barrel an Reserven hinzu. Um dies in Relation zu setzen: die in Amerika nachgewiesenen erschließbaren Reserven werden auf 22 Mrd. Barrel geschätzt. Nie zuvor im Energiesektor haben Investitionen in Forschung und Entwicklung ein derartiges Potential für hohe Gewinne gezeigt.

Bedauerlicherweise erfahren Investitionen in neue Technologien für Ölsandextraktion nur wenig Aufmerksamkeit und noch weniger Geld. Forscher an der Universität von Calgary (wo Dr. Roger Butler das SAGD-Verfahren entwickelte) arbeiten mit weniger als 10 Mio. Dollar pro Jahr und werden hauptsächlich von der Regierung finanziert. Die Mehrheit der Ölsanderzeuger konzentriert ihre Investitionen in Erschließungs- und Technologieforschung bei bestehenden Extraktionstechnologien, aber nur wenig in fortschrittlichere Verfahrensweisen.

In der Zukunft wird sich der Fokus verlagern müssen, damit die sich verstärkenden Betriebs- und Umweltprobleme, die im vorherigen Kapitel angesprochen wurden, in den Griff zu bekommen sind. Neue Extraktionstechnologien für Ölsand werden auf der Erde weniger Spuren der Zerstörung hinterlassen, weniger Energie und Wasserressourcen benötigen und werden wesentlich weniger die Umwelt beeinflussen. Die nachfolgende Liste deutet die Punkte in der Forschung an, die das Potential zeigen, diese Ziele zu erreichen:

- **Ausweitung des SAGD-Verfahren mit Lösungsmittel**
- **Saubere Koksvergasung**
- **In-Situ-Raffinerien**
- **Nano-Katalysatoren**

Laut Dr. Pedro Pereira-Almao, Mitvorsitzender des Alberta Ingenuity Centre of In Situ Energy, liegt die Zukunft der Ölsandextraktion in der Entwicklung modernen Technologien, die den Einsatz von Erdgas und Wasser reduzieren oder ganz überflüssig machen und teilweise das Bitumen zu Rohöl veredeln, bevor dieses an die Oberfläche gelangt.[43]

Ein von Petrobank Energy & Resources entwickeltes Verfahren, genannt THAI (Toe to Heal Air Injection) arbeitet an einem Prototyp für eine In-Situ-Raffinerie. Anstelle von Dampf zur Erhitzung des Bitumenreservoirs wird beim THAI-Verfahren Luft injiziert und eine Verbrennungswelle entzündet, die das Bitumen in der Pipeline nach oben drückt. Die Verbrennungswelle reichert gleichzeitig das Bitumen an, so dass es über die Pipeline geleitet werden kann, sobald es an die Erdoberfläche gestiegen ist. Dieses Verfahren verspricht, den Einsatz von Lösungsmittel und Erdgas überflüssig zu machen, weil kein Dampf eingeleitet wird. Abb. 29 zeigt diesen Prozess im Bitumenreservoir.

[43] Dr. Pedro Pereira-Almao, Co-Director, Alberta Ingenuity Centre for In Situ Energy, http://www.aicise.ca/index.html.

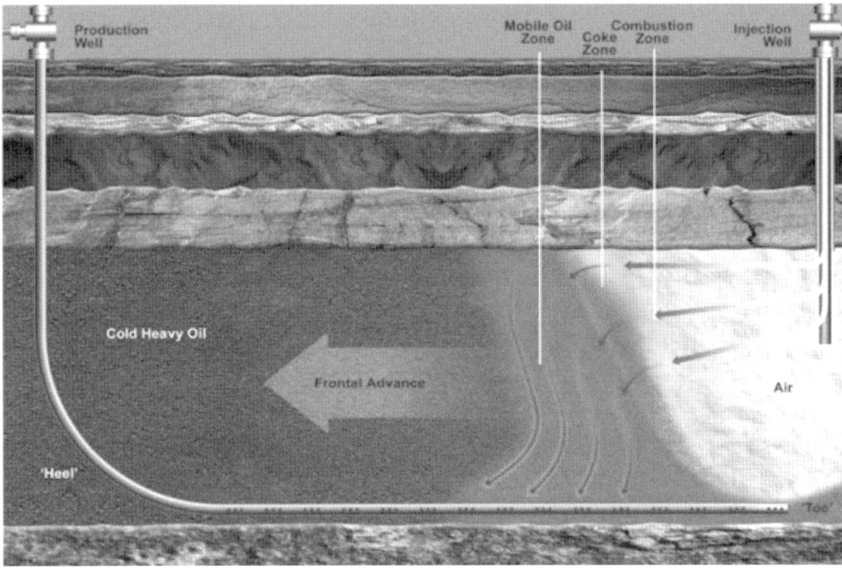

Abb. 29: Diagramm des THAI-Verfahrens (In-Situ-Extraktion)
Quelle: Petrobank Energy & Resources Ltd.[44]

Für den Augenblick müssen wir uns mit den langsamen und beständigen Verbesserungsprozessen bei der Betriebseffizienz und der Wirtschaftlichkeit der Ölsanderzeuger zufrieden geben. Technologische Fortschritte werden in Zukunft die große Mehrheit der kanadischen Ölsandvorkommen freisetzen, und zwar auf eine nachhaltige und umweltfreundliche Art und Weise.

[44] Petrobank Energy & Resources Ltd., http://www.petrobank.com, Kopie einer Firmenfolie, THAI-Prozess.

Teil IV
Wie kann man in kanadischen Ölsand investieren?

Sustainable Oil Sands Sector Price Index™

Der Sustainable Oil Sands Sector Price Index™ (SOSSPI) wurde Mitte 2004 als ein Marktindex ins Leben gerufen, um die Aktienpreisbewertung der kanadischen Ölsanderzeuger messen zu können. Anders als die herkömmlichen Indices des Aktienmarktes wie der S&P 500 oder TSX Composite basiert der SOSSPI nicht auf der Börsenbewertung der Unternehmen. Der SOSSPI ist Teil der nächsten Generation von Börsenmarktindices, die auf besonderen Attributen aufbauen. Jedes Jahr wird eine vollständige Evaluierung der Ölsanderzeuger durch die Gesellschaft Sustainable Wealth Management Ltd. durchgeführt. Unternehmen, die den Investitionskriterien entsprechen (vgl. Tabelle 13), sind im Index enthalten.

Tabelle 13: *SOSSPI Auswahlkriterien*

Indexkriterien	Mindestwert
kanadische Ölsanderzeuger	Hauptsitz muss in Kanada liegen
im Jahr 2015 zu erwartende Ölsandproduktion	muss 25.000 Barrel pro Tag übersteigen
Fokus auf Ölsandproduktion im Jahr 2015	muss 35 % der gesamten Energieproduktion übersteigen
durchschnittliche Tagesmarktliquidität	muss 2 Mio. kanadische Dollar pro Tag übersteigen
Marktwert	muss 500 Mio. kanadische Dollar übersteigen

Alle Unternehmen, die das erste Auswahlverfahren bestehen, werden entsprechend ihrer besonderen Ölsandattribute beurteilt; die Gewichtung jedes Unternehmens wird nach einer mathematischen Formel jedes Jahr festgelegt. Tabelle 14 zeigt die wichtigen Attribute, die zur Gewichtung im Index dienen.

Tabelle 14: *SOSSPI Attribute*

Attribute	Auswirkung auf Index-Gewichtung
aktuelle Ölsandproduktion	aktuelle Erzeuger haben eine höhere Gewichtung im Index
für 2015 prognostizierte Ölsandproduktion	höhere Produktion resultiert in höheren Gewichtungen
Fokus auf Ölsandproduktion im Jahr 2015	höherer Fokus resultiert in höheren Gewichtungen
durchschnittliche Tagesmarktliquidität	größere Liquidität resultiert in höheren Gewichtungen
Marktwert	größere Marktkapitalisierung resultiert in höheren Gewichtungen

Traditionelle Indices teilen die Gewichtung einer jeden Firma nach deren Größe zu, gemessen am Markwert. Dieses Verfahren kann für Indexinvestoren nachteilig sein, wenn eine spezielle Aktie oder Aktiengruppe eine besonders starke Performance zeigt. Zum Beispiel stellten Anfang 2000 Technologieaktien über 30 % des S&P 500-Indexes; Nortel machte 35 % des TSX Composite-Indexes zu dessen Spitzenzeiten im September 2000 aus.[45] Gegenwärtig ist der Energiesektor mit über 30 % im TSX Composite vertreten, stellt weniger als 10 % des S&P 500.[46] Ein weiteres Problem der Indices, die auf der traditionellen Marktwertberechnung basieren, ist, dass die Mehrheit des investierten Geldes nicht in die kleinen, schneller wachsenden Unternehmen fließt.

Tabelle 15 vergleicht den traditionellen S&P/TSX Capped Energy Index der kanadischen Energieaktien mit dem SOSSPI der kanadischen Ölsanderzeuger.

Tabelle 15: *SOSSPI im Vergleich zum S&P/TSX Capped Energy Index*[47]

	SOSSPI Öl-Sand Index	**S&P/TSX Capped Energy Index**
Preisbewertung seit 30.6.2004	191,6 %	90,4 %
Anteil der Ölsanderzeugern am Index	100 %	68,9 %
Anzahl der Unternehmen im Index	17	66
Anteil des Indexes an den zehn Spitzenholdings	73,5 %	68,1 %
Anteil des größten Einzelunternehmens im Index	11,8 %	13,5 %
Anteil des kleinsten Einzelunternehmens im Index	1,6 %	0,1 %

Anmerkung: Alle Berechnungen basieren auf den Informationen vom 31.1.2007.

45 Toronto Stock Exchange, Bloomberg Professional Services.
46 Bloomberg Professional Services.
47 Bloomberg Professional Services, IXE <Index> DES and Sustainable Wealth Management Oil Sands Sector IndexTM, http://www.oilsandsindex.com.

Wenn man bedenkt, dass alle Unternehmen im SOSSPI auch im S&P/TSX Capped Energy Index enthalten sind, ist das ein unglaubliches Ergebnis. Der Hauptanteil an der höheren Börsenperformance kann den unglaublichen Gewinnen zugeschrieben werden, die die Ölsanderzeuger seit dem Anstieg der Rohölpreise im Jahre 2002 generiert haben. Ein weiterer bedeutender Teil der höheren Gewinne kann direkt damit in Verbindung gebracht werden, dass ein größerer Teil des Indexes in kleinere, schnell wachsende Unternehmen investiert. Diese Unternehmen hatten unter der TSX-Marktwertmethode sehr wenig Gewichtung. Abb. 30 zeigt die Preisbewertung der beiden Indices. Es ist zu beachten, dass die besseren Ergebnisse, die der SOSSPI erzielte, mit dem Anstieg des Ölpreises über 50 US-Dollar pro Barrel zusammenfallen.

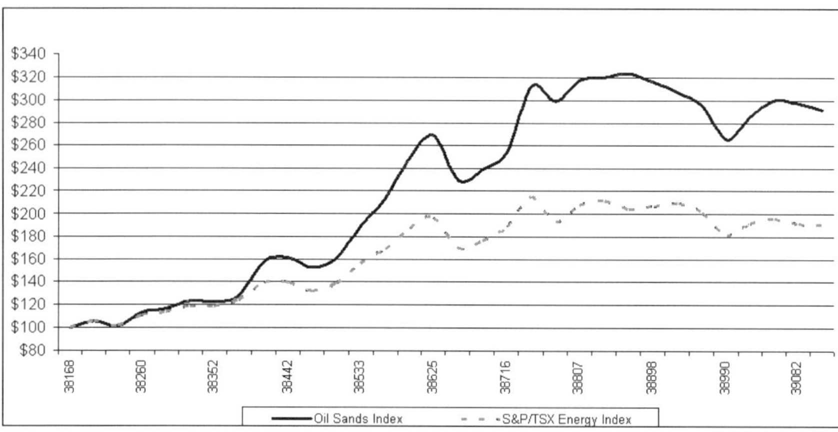

Abb. 30: Diagramm des SOSSPI im Vergleich zum S&P/TSX Capped Energy Index
Quelle: Bloomberg, Sustainable Wealth Management Ltd.

Wichtige Unternehmensprofile

Der Ölsandsektor-Index umfasst die folgenden 17 Indexmitglieder seit dem 30.6.2006, die jährlich neu ausgeglichen werden.

Tabelle 16: *SOSSPI-Teilnehmer zum 30.6.2006*

Unternehmensname	Aktien-Symbol	Unternehmens-Website
Canadian Natural Resources	CNQ – TSX CNQ – NYSE	www.cnrl.com
Canadian Oil Sands Trust	COS.un – TSX COSWF – PK	www.cos-trust.com
Connacher Oil & Gas	CLL – TSX CLLZF – PK	www.connacheroil.com
Encana	ECA – TSX ECA – NYSE	www.encana.com
Enerplus Resources Trust	ERF.un – T ERF – NYSE	www.enerplus.com
Husky Energy	HSE – TSX HUSKF – PK	www.huskyenergy.com
Imperial Oil	IMO – TSX IMO – AMEX	www.imperialoil.com
Nexen	NXY – T NXY – NYSE	www.nexeninc.com
OPTI Canada	OPC – TSX OPTI – BB	www.opticanada.com
Paramount Resources	POU – TSX PRMRF – PK	www.paramountres.com
Petrobank Energy	PBG – TSX PBEGF – PK	www.petrobank.com
Petro-Canada	PCA – TSX PCZ – NYSE	www.petro-canada.ca
Shell Canada	SHC – TSX SCUAF – PK	www.shell.ca
Suncor Energy	SU – TSX SU – NYSE	www.suncor.com
Synenco Energy	SYN – TSX SYEYF – PK	www.synenco.com
UTS Energy	UTS – TSX UEYCF – PK	www.uts.ca
Western Oil Sands	WTO – T WTOIF – PK	www.westernoilsands.com

Anmerkung: TSX = Toronto Stock Exchange; AMEX = American Stock Exchange; NYSE = New York Stock Exchange; BB = von Nasdaq Bulletin Board gelistet; PK = Pink Sheets

Canadian Natural Resources

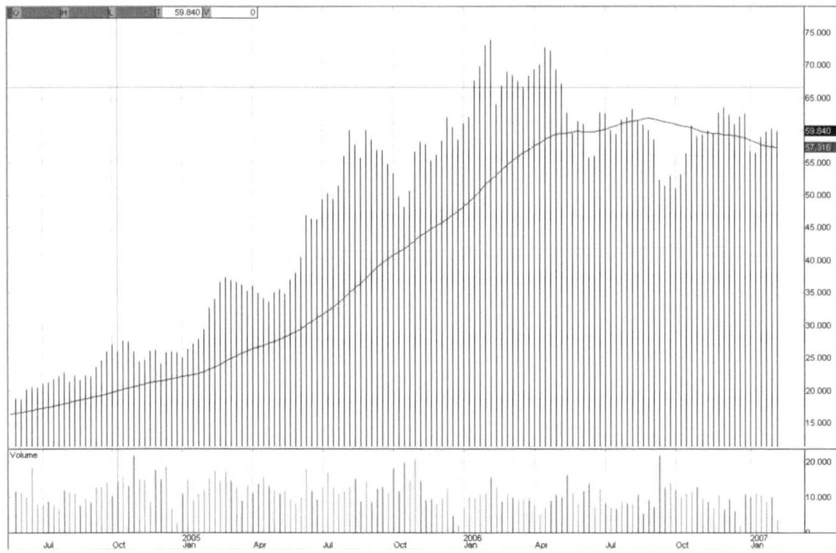

Abb. 31: 2-Jahres-Histogramm der Canadian Natural Resources-Aktie (CNQ – TSX) CNQ zeigt einen Zuwachs von 190 % seit 30.6.2004. Quelle: QCharts, Sustainable Wealth Management Ltd.

Canadian Natural Resources (CNQ) ist eines der aktivsten Erschließungsunternehmen des kanadischen Ölsands. Die derzeitige Produktion beträgt ungefähr 56.000 Barrel pro Tag aus ihrem In-Situ-Projekt „Primrose" (mit dem Cyclic Steam Stimulation- (CSS) Verfahren). Das zukünftige Wachstum der CNQ-Ölsanderzeugung wird in erster Linie aus deren Tagebau- und Veredelungsprojekt „Horizon" stammen. Es wird erwartet, dass die erste Produktion 2008 60.000 Barrel pro Tag an synthetischem Rohöl (SCO) hervorbringen wird; die geplante Produktion für 2015 wird bei 232.000 Barrel pro Tag liegen. Zwei zusätzliche In-Situ-Projekte (SAGD-Methode), „Primrose East" und „Gregoire", sollen 2009 bzw. 2012 in Betrieb gehen. Insgesamt wird CNQ im Jahr 2015 über 348.000 Barrel pro Tag aus allen Ölsandprojekten produzieren, was 10,7 % der gesamten Ölsandproduktion der 17 Unternehmen im SOSSPI ausmacht.

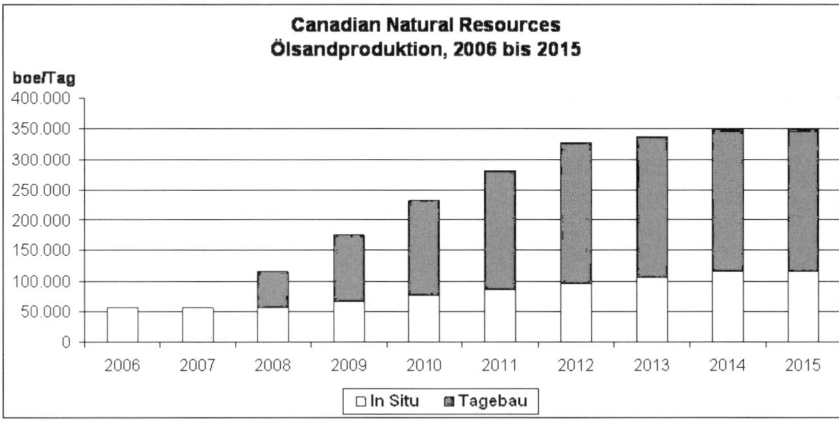

Abb. 32: Canadian Natural Ressources Ölsandproduktion, 2006 – 2015
Quelle: Geschäftsberichte, Sustainable Wealth Management Ltd.

Investment-Zahlen (am 31.1.2007)[48]

Ausgegebene Aktien	537.447.000
Marktwert	32,2 Mrd. CND $
EPS	6,18 CND $
P/E	9,7
Jahresertrag	11,7 Mrd. CND $
Ertragszuwachs in einem Jahr	42,5 %
Jahresgewinn	3,3 Mrd. CND $
Gewinnzuwachs in einem Jahr	534 %

[48] Hier und im Folgenden:
CND $ = kanadische Dollar; EPS = earnings per share (Ertrag pro Aktie);
P/E = price to earnings ratio (Quotient des Aktienkurses zum Aktiengewinn).

Canadian Oil Sands Trust

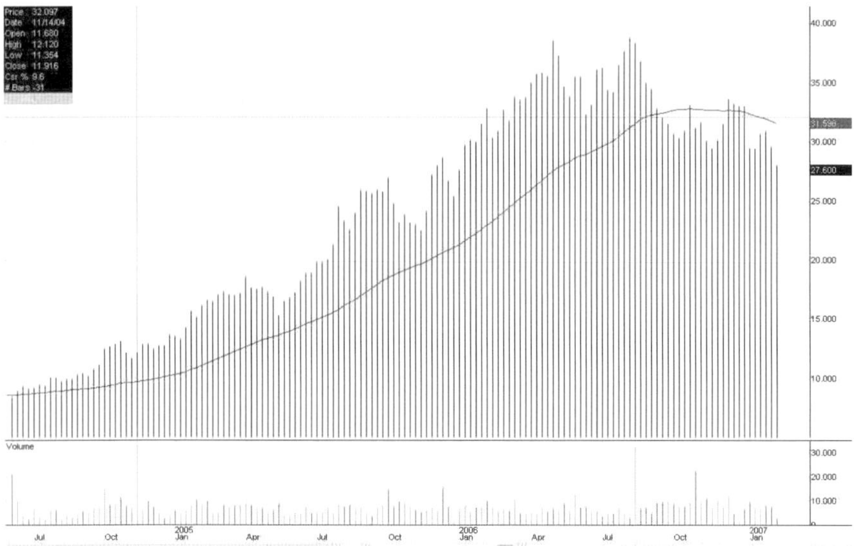

Abb. 33: 2-Jahres-Histogramm Canadian Oil Sands Trust-Anteile (COS.un – TSX)
COS.un zeigt einen Zuwachs von 207 % seit 30.6.2004.
Quelle: QCharts, Sustainable Wealth Management Ltd.

Canadian Oil Sands Trust (COS.un) ist ein reines Spekulationsunternehmen in das Syncrude-Tagebauprojekt, das 35,49 % der Gesamtproduktion besitzt. Der Anteil an der gegenwärtigen Produktion beträgt 124.215 Barrel pro Tag nach der letzten Expansionsphase, die 2006 fertig gestellt wurde. Das zukünftige Wachstum der Ölsandproduktion von COS.un wird vor allem von der „Stufe 4“-Expansion, geplant für 2010, und der „Stufe 5“-Expansion 2015 generiert. Der Anteil an der Produktion von Syncrude im Jahre 2015 soll bei 159.705 Barrel pro Tag liegen. Dies wird etwa 4,9 % der gesamten Ölsandproduktion der 17 im SOSSPI aufgeführten Unternehmen ausmachen.

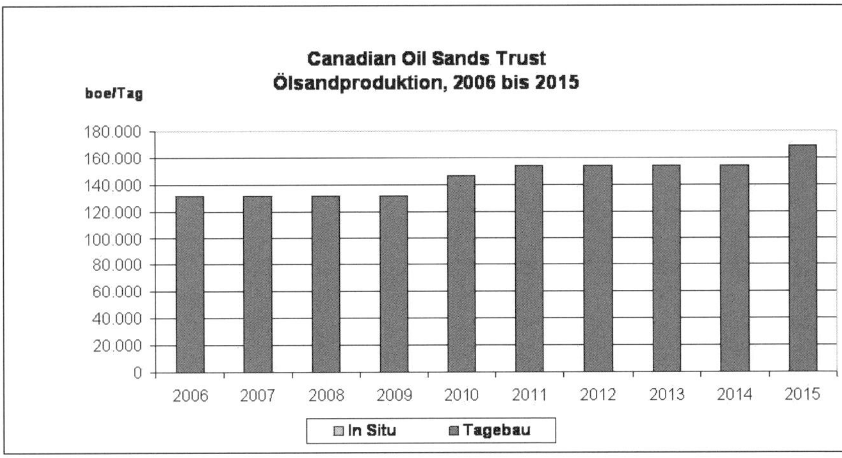

Abb. 34: Canadian Oil Sands Trust Ölsandproduktion, 2006 – 2015
Quelle: Geschäftsberichte, Sustainable Wealth Management Ltd.

Investment-Zahlen (am 31.1.2007)

Ausgegebene Anteilsscheine	468.000.000
Marktwert	12,9 Mrd. CND $
EPS	1,89 CND $
P/E	14,6
Jahresertrag	2,4 Mrd. CND $
Ertragszuwachs in einem Jahr	23,5 %
Jahresgewinn	880 Mio. CND $
Gewinnzuwachs in einem Jahr	12,8 %

Connacher Oil & Gas Ltd.

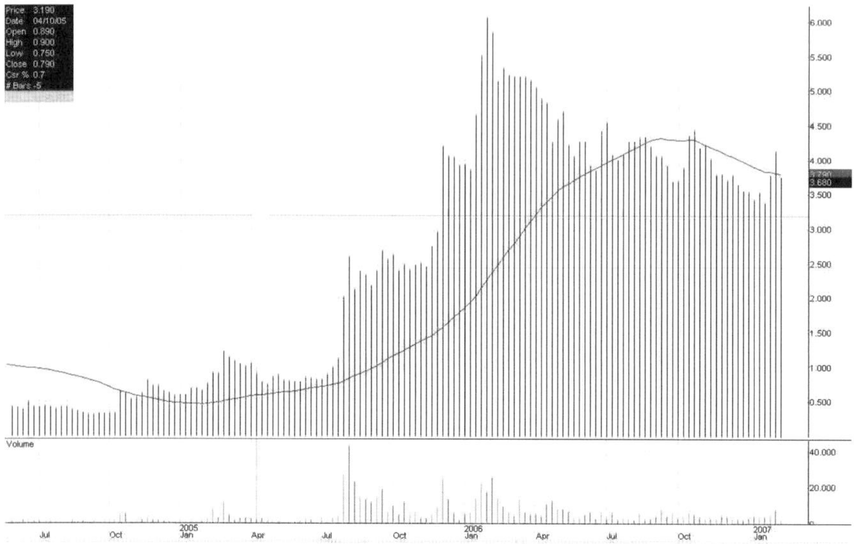

Abb. 35: 2-Jahres-Histogramm von Connacher Oil & Gas Ltd.-Aktie (CLL – TSX); CLL zeigt einen Zuwachs von 830 % seit 30.6.2004, konnte sich aber erst am 30.0.2006 für den Index qualifizieren. Quelle: QCharts, Sustainable Wealth Management Ltd.

Connacher Oil & Gas (CLL) ist eines der kleineren Erschließungsunternehmen von kanadischem Ölsand. Connacher erwartet seine erste Produktion aus dem „Great Divide"-Projekt (SAGD-Methode) im Jahr 2008. die Anfangsproduktion von 5.000 Barrel pro Tag soll bis 2012 auf die 5-fache Menge (25.000 Barrel pro Tag) ansteigen. Kürzlich kaufte das Unternehmen eine Raffinerie in den USA, die es für die Anreicherung seines Bitumens zu synthetischen Rohöl benutzen will. Im Jahr 2015 wird das „Great Divide"-Projekt 0,8 % der gesamten Ölsandproduktion der 17 im SOSSPI aufgeführten Unternehmen ausmachen.

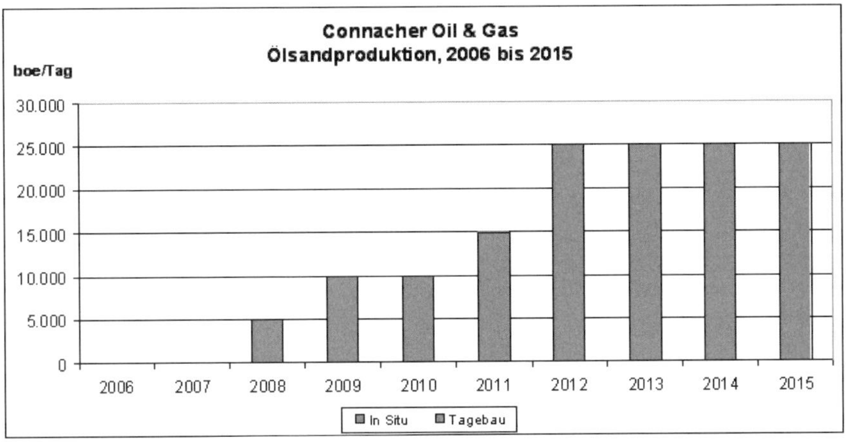

Abb. 36: Connacher Oil & Gas Ölsandproduktion, 2006 – 2015
Quelle: Geschäftsberichte, Sustainable Wealth Management Ltd.

Investment-Zahlen (am 31.1.2007)

Ausgegebene Aktien	197.878.015
Marktwert	728 Mio. CND $
EPS	0,03 CND $
P/E	123
Jahresertrag	179 Mio. CND $
Ertragszuwachs in einem Jahr	1536 %
Jahresgewinn	4,3 Mio. CND $
Gewinnzuwachs in einem Jahr	1551 %

Encana Corp

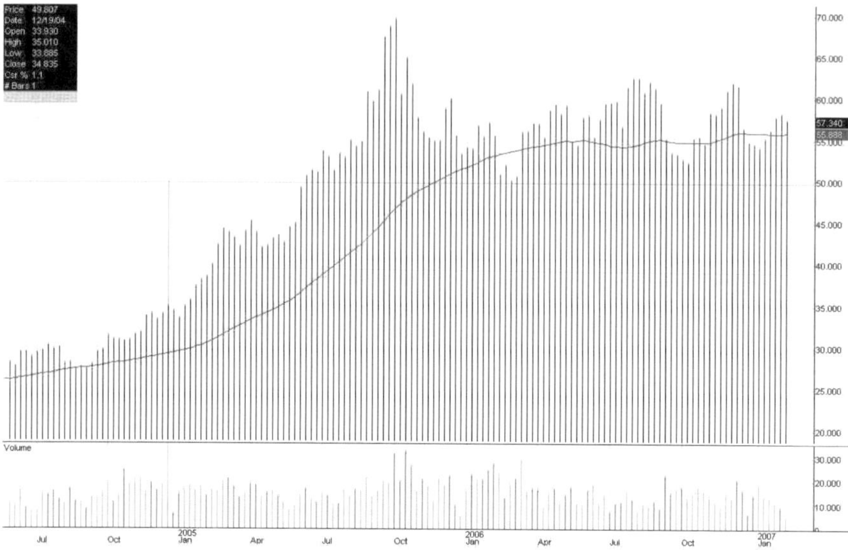

Abb. 37: 2-Jahres-Histogramm der Encana Corp-Aktie (ECA – TSX)
ECA zeigt eine Zuwachs von 95 % seit 30.6.2004.
Quelle: QCharts, Sustainable Wealth Management Ltd.

Encana (ECA) ist eines der größten Unternehmen, die kanadischen Ölsand abbauen. Die gegenwärtige Produktion beträgt ungefähr 50.000 Barrel pro Tag, gewonnen aus den In-Situ-Projekten „Foster Creek" und „Christina Lake" (SAGD-Methode). Encana schloss kürzlich ein Joint-venture-Abkommen mit Marathon Oil, um deren in den USA gelegene Raffinerien für die Verarbeitung des Rohbitumens nutzen zu können, das in Zukunft aus den In-Situ-Projekten gewonnen werden soll. Das zukünftige Wachstum der ECA-Ölsandproduktion wird hauptsächlich aus den Expansionsvorhaben für „Foster Creek" (Fertigstellungsjahr 2010) und „Christina Lake" (Fertigstellungsjahr 2014) generiert. Zusätzlich plant Encana die Erschließung ihrer In-Situ-Produktion „Borealis" (SAGD-Methode) mit Beginn 2010 und einer vollen Kapazität im Jahr 2014. Insgesamt wird ECA 2015 über 280.000 Barrel pro Tag aus allen Ölsandprojekten produzieren, 8,6 % der gesamten Ölsandproduktion der 17 im SOSSPI aufgeführten Unternehmen.

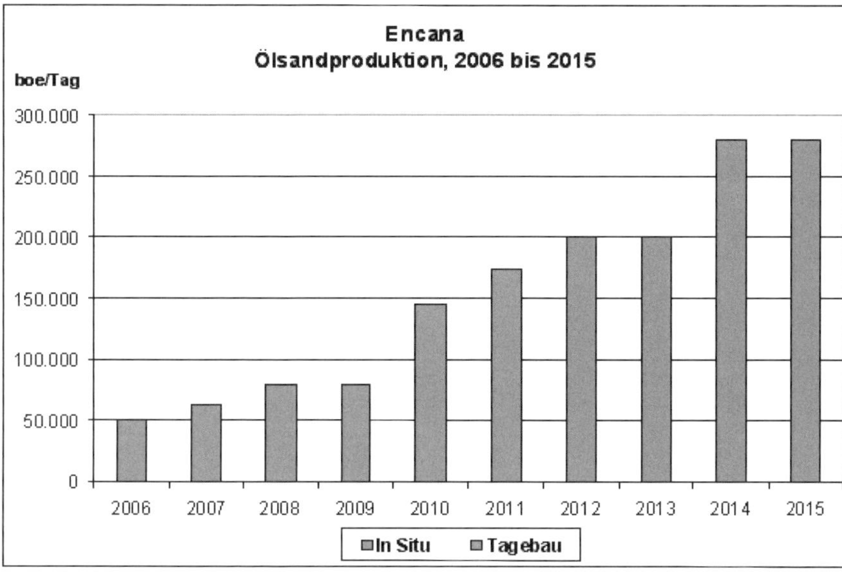

Abb. 38: Encana Ölsandproduktion, 2006 – 2015
Quelle: Geschäftsberichte, Sustainable Wealth Management Ltd.

Investment-Zahlen (am 31.1.2007)

Ausgegebene Aktien	800.100.000
Marktwert	45,9 Mrd. CND $
EPS	8,79 CND $
P/E	6,5
Jahresertrag	18,5 Mrd. CND $
Ertragszuwachs in einem Jahr	40,3 %
Jahresgewinn	7,4 Mrd. CND $
Gewinnzuwachs in einem Jahr	88,4 %

Enerplus Resources Fund Trust

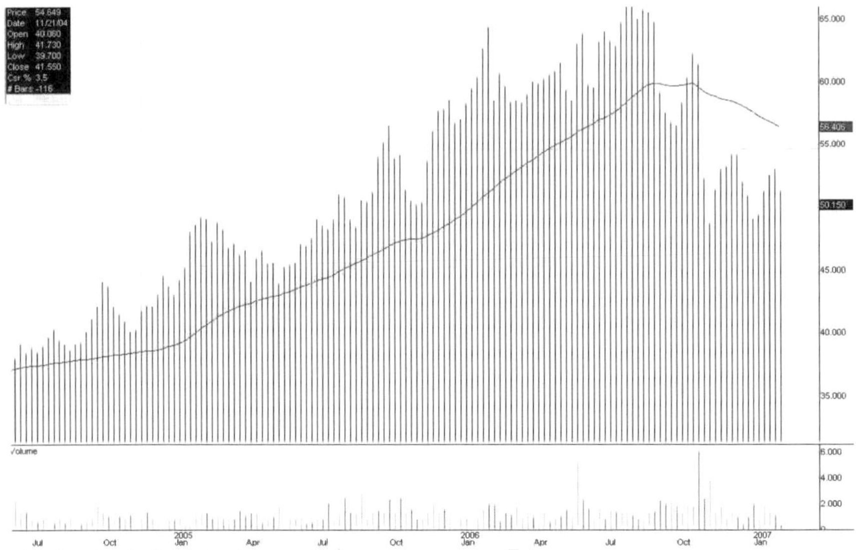

Abb. 39: 2-Jahres-Histogramm der Enerplus Resources Fund Trust-Aktie (ERF.un - TSX); ERF.un zeigt einen Zuwachs von 31 % seit 30.6.2004, qualifizierte sich aber erst am 30.6.2006 für den Index. Quelle: QCharts, Sustainable Wealth Management Ltd.

Enerplus Resources Fund Trust (ERF.un) ist ein Minderheitsaktionär des „Joslyn"-Projekts (Tagebau mit der SAGD-Methode; die französische Total S. A. ist der Mehrheitsaktionär). Der 15 %-Anteil am Projekt resultiert in einer gegenwärtigen Produktion von 180 Barrel pro Tag ausschließlich aus dem SAGD-Projekt. Es wird erwartet, dass die Produktion auf ungefähr 6.090 Barrel pro Tag bis 2012 steigen wird. 2011 wird das Tagebauprojekt mit einer Produktion von 1.875 Barrel pro Tag beginnen und bis 2015 auf über 14.700 Barrel Tag kommen. Zusätzlich hat Enerplus Eigentumsrechte an einem privaten Ölsand-Erschließungsunternehmen, Laricina Energy Ltd., das wahrscheinlich noch vor 2015 in Betrieb geht. Insgesamt wird ERF.un bis 2015 mindestens 20.800 Barrel pro Tag aus allen Ölsandprojekten erzeugen, 0,6 % der gesamten Ölsandproduktion der 17 im SOSSPI aufgeführten Unternehmen.

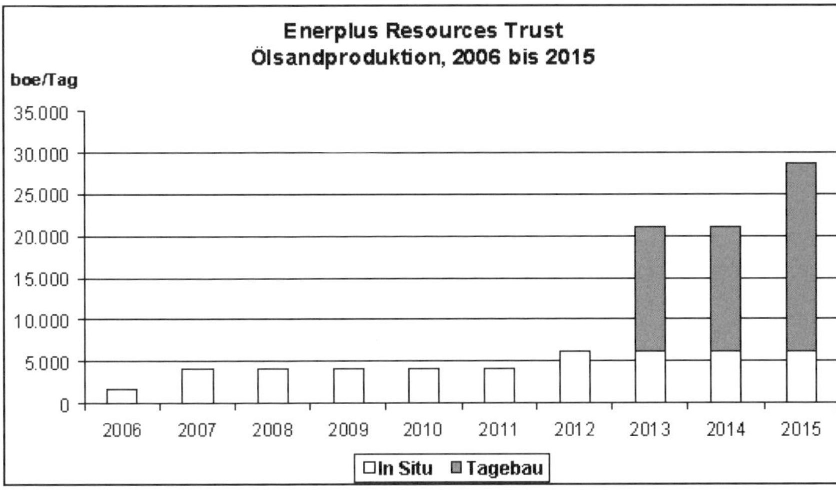

Abb. 40: Enerplus Resources Fund Trust Ölsandproduktion, 2006 – 2015
Quelle: Geschäftsberichte, Sustainable Wealth Management Ltd.

Investment-Zahlen (am 31.1.2007)

Ausgegebene Anteilsscheine	122.854.000
Marktwert	6,2 Mrd. CND $
EPS	5,00 CND $
P/E	10,1
Jahresertrag	1,7 Mrd. CND $
Ertragszuwachs in einem Jahr	35,4 %
Jahresgewinn	596 Mio. CND $
Gewinnzuwachs in einem Jahr	50,7 %

Husky Energy

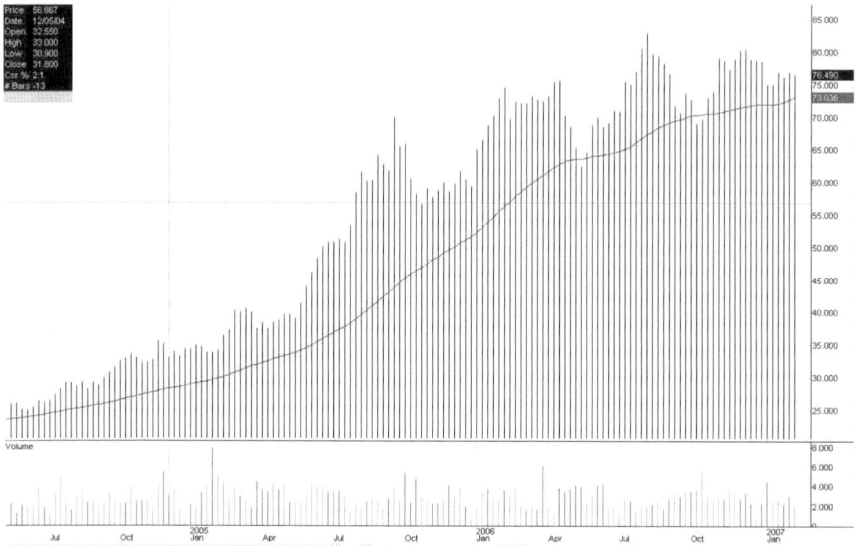

Abb. 41: 2-Jahres-Histogramm der Canadian Husky Energy-Aktie (HSE - TSX)
HSE zeigt einen Zuwachs von 199 % seit 30.6.2004.
Quelle: QCharts, Sustainable Wealth Management Ltd.

Husky Energy (HSE) ist ein aktives Erschließungsunternehmen von kanadischem Ölsand. Derzeit läuft keine Produktion, aber die In-Situ-Projekte „Tucker Lake" und „Sunrise" (SAGD-Methode) sollen 2007 bzw. 2009 in Betrieb genommen werden. Das zukünftige Wachstum der HSE-Ölsandproduktion wird hauptsächlich aus dem In-Situ-Projekt „Sunrise" generiert, das voraussichtlich 150.000 Barrel pro Tag fördern wird. Insgesamt wird HSE über 185.000 Barrel pro Tag aus allen Ölsandprojekten bis 2015 produzieren, 5,7 % der gesamten Ölsandproduktion der 17 im SOSSPI aufgeführten Unternehmen.

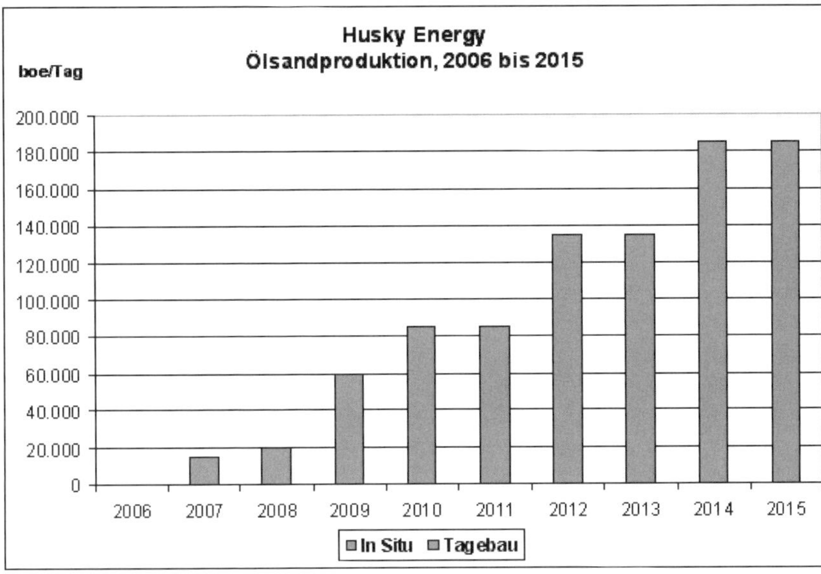

Abb. 42: Husky Energy Ölsandproduktion, 2006 – 2015
Quelle: Geschäftsberichte, Sustainable Wealth Management Ltd.

Investment-Zahlen (am 31.1.2007)

Ausgegebene Aktien	424.268.509
Marktwert	32,5 Mrd. CND $
EPS	6,44 CND $
P/E	11,9
Jahresertrag	12,8 Mrd. CND $
Ertragszuwachs in einem Jahr	23 %
Jahresgewinn	2,7 Mrd. CND $
Gewinnzuwachs in einem Jahr	36 %

Imperial Oil Ltd.

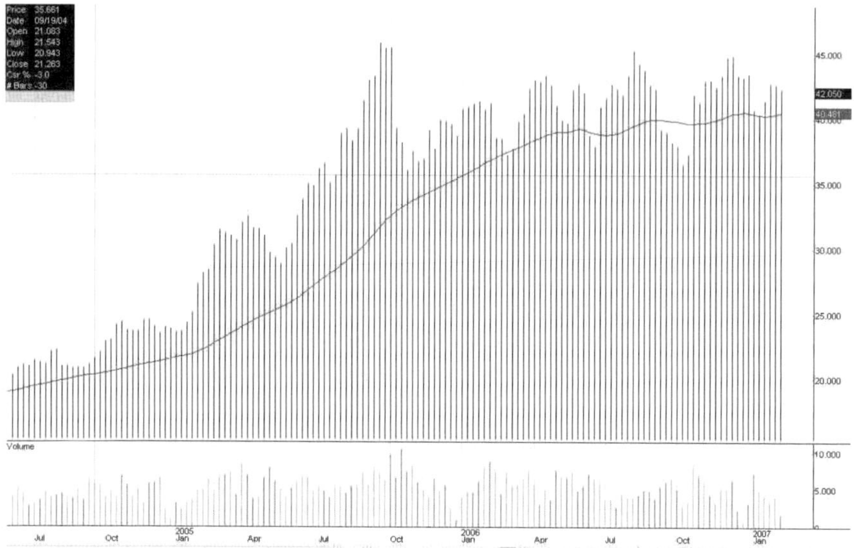

Abb. 43: 2-Jahres-Histogramm der Imperial Oil-Aktie (IMO – TSX)
IMO zeigt einen Zuwachs von 100 % seit 30.6.2004.
Quelle: QCharts, Sustainable Wealth Management Ltd.

Imperial Oil Ltd. (IMO) ist eines der aktivsten und erfahrensten Erschließungsunternehmen von kanadischem Ölsand. Die gegenwärtige Produktion liegt bei 227.500 Barrel pro Tag und stammt aus dem In-Situ-Projekt „Cold Lake" (CSS-Methode) und dem 25 %-Anteil an den Tagebauprojekten von Syncrude. Das zukünftige Wachstum der IMO-Ölsandproduktion soll hauptsächlich aus dem Tagebauprojekt „Kearl" generiert werden, dessen Produktionsbeginn für 2011 vorgesehen ist. Insgesamt wird IMO bis 2015 über 432.400 Barrel pro Tag aus allen Ölsandprojekten produzieren, 13,3 % der gesamten Ölsandproduktion der 17 im SOSSPI aufgeführten Unternehmen.

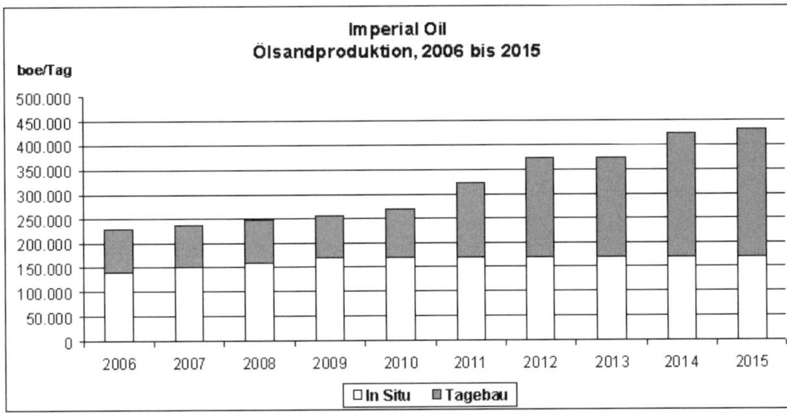

Abb. 44: Imperial Oil Ltd. Ölsandproduktion, 2006 – 2015
Quelle: Geschäftsberichte, Sustainable Wealth Management Ltd.

Investment-Zahlen (am 31.1.2007)

Ausgegebene Aktien	962.713.000
Marktwert	40,5 Mrd. CND $
EPS	3,29 CND $
P/E	12,8
Jahresertrag	25,6 Mrd. CND $
Ertragszuwachs in einem Jahr	1,3 %
Jahresgewinn	3,3 Mrd. CND $
Gewinnzuwachs in einem Jahr	53,9 %

Nexen Inc.

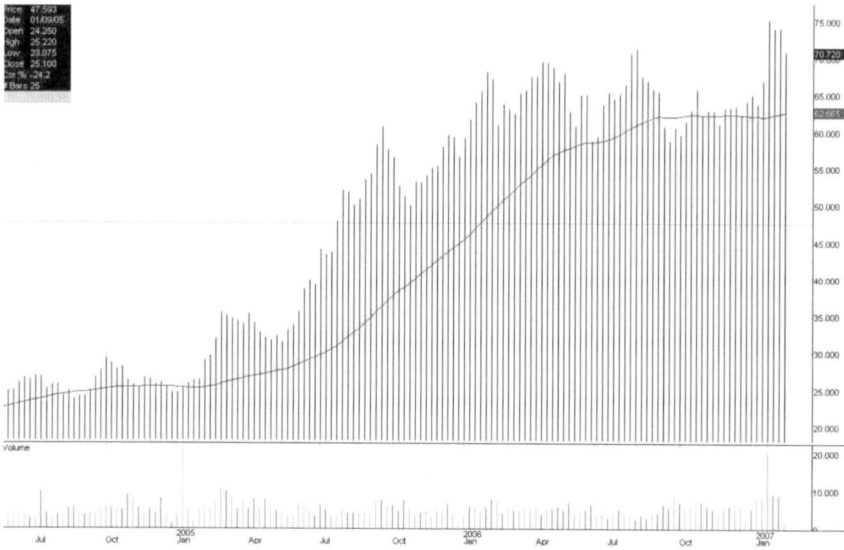

Abb. 45: 2-Jahres-Histogramm der Nexen-Aktie (NXY – TSX)
NXY zeigt einen Zuwachs von 171 % seit 30.6.2004.
Quelle: QCharts, Sustainable Wealth Management Ltd.

Nexen (NXY) hält 7 % der Eigentumsrechte am Syncrude-Tagebauprojekt und ist zusammen mit OPTI Canada als gleichwertiger Partner an der Entwicklung der nächsten Generation der In-Situ-Produktion beteiligt. Das In-Situ-Projekt „Long Lake" (SAGD-Methode) umfasst eine Anreicherungs- und eine Vergasungsanlage, die das Unternehmen von Erdgas unabhängig machen werden. Das Verfahren macht sich einen Rückstand von Bitumen/synthetischem Rohöl genannt Petrolkoks zunutze, der als Ausgangsbrennstoff dient, um selbst Erdgas zu erzeugen. Das Ergebnis sind umfangreiche Kosteneinsparungen beim Betrieb gegenüber der ersten Generation von In-Situ-Projekten, und das Unternehmen erwartet, dass die Betriebskosten langfristig bei 8 bis 12 Dollar pro Barrel liegen werden. Die Produktion soll 2007 aufgenommen werden und 2014 ihren Höchststand von 90.000 Barrel pro Tag erreicht haben. Zukünftige SAGD-Projekte, „Leismer" und „Cottonwood", sollen 2013 bzw. 2015 in Betrieb gehen. Insgesamt wird NXY bis 2015 über 158.300 Barrel pro Tag aus allen Ölsandprojekten produzieren, 4,9 % der gesamten Ölsandproduktion der 17 im SOSSPI aufgeführten Unternehmen.

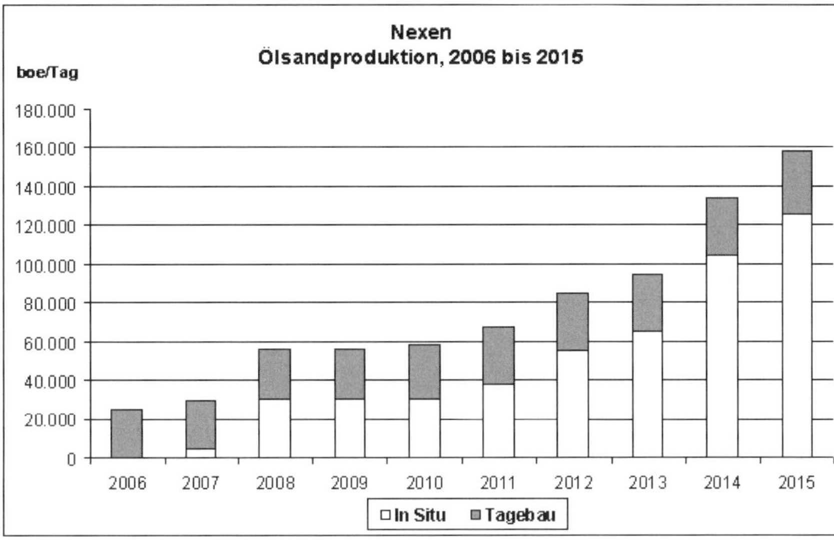

Abb. 46: Nexen Inc. Ölsandproduktion, 2006 – 2015
Quelle: Geschäftsberichte, Sustainable Wealth Management Ltd.

Investment-Zahlen (am 31.1.2007)

Ausgegebene Aktien	262.306.663
Marktwert	18,6 Mrd. CND $
EPS	3,14 CND $
P/E	22,5
Jahresertrag	5,5 Mrd. CND $
Ertragszuwachs in einem Jahr	27,2 %
Jahresgewinn	820 Mio. CND $
Gewinnzuwachs in einem Jahr	–25,3 %

OPTI Canada

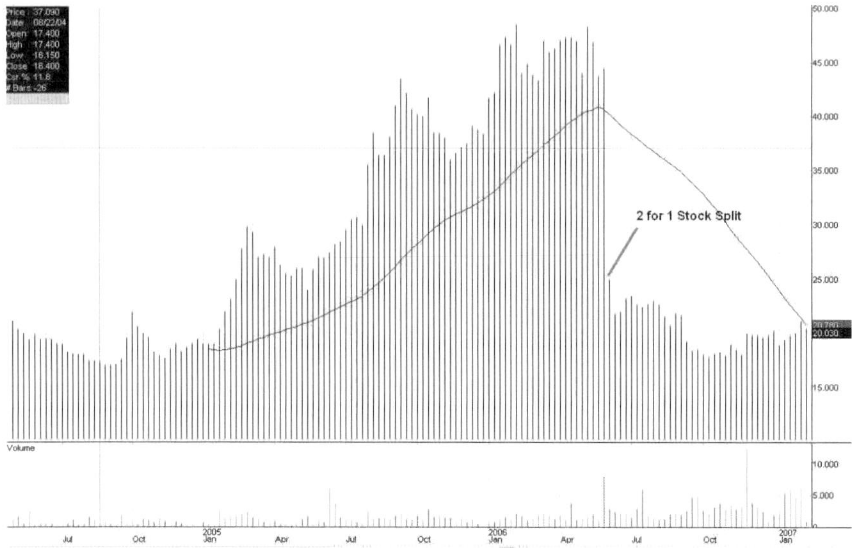

Abb. 47: 2-Jahres-Histogramm der OPTI Canada-Aktie (OPC – TSX)
OPC zeigt einen Zuwachs von 117 % seit 30.6.2004.
Quelle: QCharts, Sustainable Wealth Management Ltd.

OPTI Canada (OPC) ist als gleichwertiger Partner mit Nexen an der Entwicklung der nächsten Generation von In-Situ-Projekten beteiligt. Das In-Situ-Projekt „Long Lake“ (SAGD-Methode) umfasst eine Anreicherungs- und eine Vergasungsanlage, die das Unternehmen von Erdgas unabhängig machen werden. Das Verfahren macht sich einen Rückstand von Bitumen/synthetischem Rohöl genannt Petrolkoks zunutze, der als Ausgangsbrennstoff dient, um selbst Erdgas zu erzeugen. Das Ergebnis wird in immensen Kosteneinsparungen beim Betrieb gegenüber der ersten Generation von In-Situ-Projekten sichtbar werden, und das Unternehmen erwartet, dass die Betriebskosten langfristig bei 8 bis 12 Dollar pro Barrel liegen werden. Die Produktion soll im Jahr 2007 aufgenommen werden und ihren Höchststand 2014 mit 90.000 Barrel pro Tag erreicht haben. Zukünftige SAGD-Projekte, „Leismer“ und „Cottonwood“, sollen 2013 bzw. 2015 in Betrieb gehen. Insgesamt wird erwartet, dass OPC bis 2015 über 125.750 Barrel pro Tag aus allen Ölsandprojekten produzieren wird, 3,9% der gesamten Ölsandproduktion der 17 im SOSSPI aufgeführten Unternehmen.

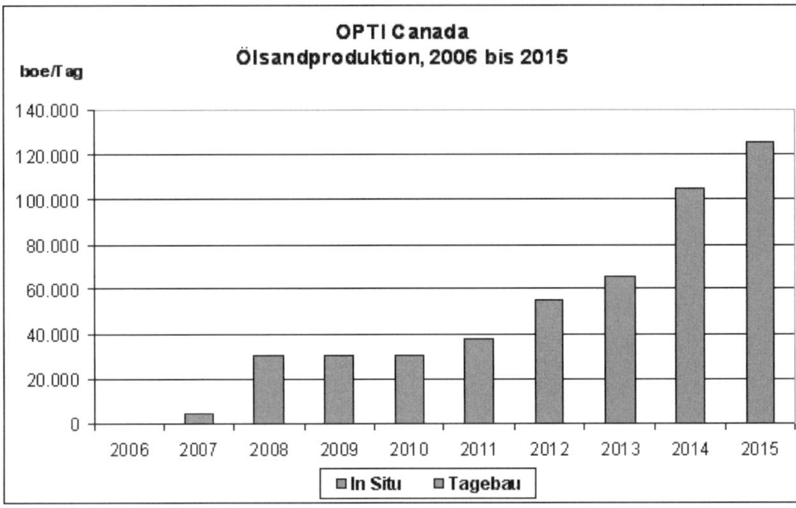

Abb. 48: OPTI Canada Ölsandproduktion, 2006 – 2015
Quelle: Geschäftsberichte, Sustainable Wealth Management Ltd.

Investment-Zahlen (am 31.1.2007)

Ausgegebene Aktien	170.842.000
Marktwert	3,4 Mrd. CND $
EPS	0 CND $
P/E	keine Angabe
Jahresertrag	9 Mio. CND $
Ertragszuwachs in einem Jahr	–47 %
Jahresgewinn	–0,5 Mio. CND $
Gewinnzuwachs in einem Jahr	–44 %

Paramount Resources

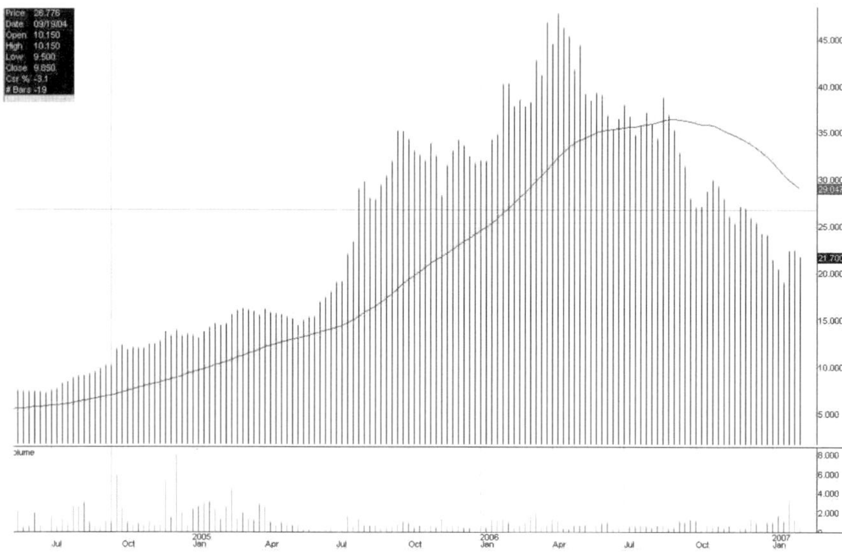

Abb. 49: 2-Jahres-Histogramm der Paramount Resources-Aktie (POU – TSX)
POU zeigt einen Zuwachs von 197 % seit 30.6.2004, qualifizierte sich aber erst am 30.6.2006 für den Index.
Quelle: QCharts, Sustainable Wealth Management Ltd.

Paramount Resources (POU) hält 50 % der Eigentumsrechte an „Kai Kos Dehseh", einem In-Situ-Projekt von North American Oil Sands (SAGD-Verfahren). Die Produktion soll im Jahr 2008 aufgenommen werden. Die Anfangsproduktion bei POU wird auf 5.000 Barrel pro Tag geschätzt und sollte bis 2015 rasch auf 80.000 Barrel pro Tag ansteigen. Dies wird 2,5 % der gesamten Ölsandproduktion der 17 im SOSSPI aufgeführten Unternehmen ausmachen.

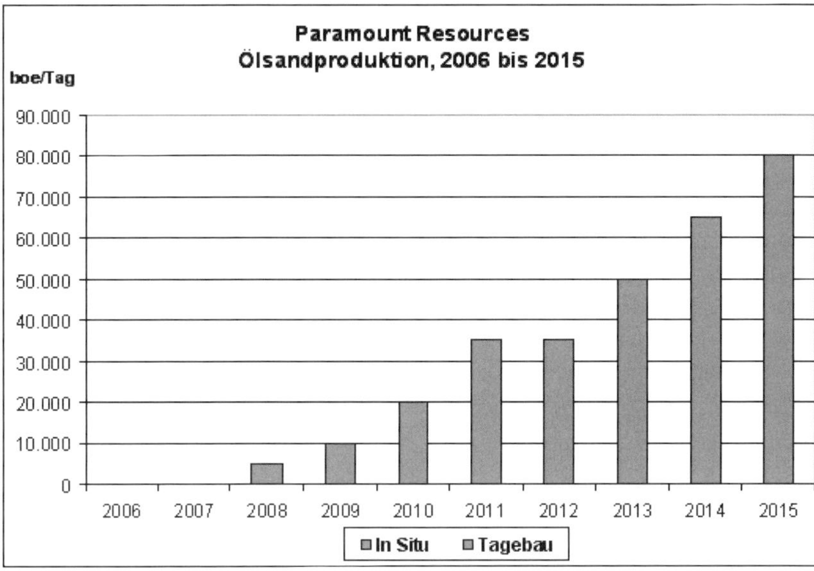

Abb. 50: Paramount Resources Ölsandproduktion, 2006 – 2015
Quelle: Geschäftsberichte, Sustainable Wealth Management Ltd.

Investment-Zahlen (am 31.1.2007)

Ausgegebene Aktien	68.054.575
Marktwert	1,5 Mrd. CND $
EPS	2,68 CND $
P/E	8,1
Jahresertrag	462 Mio. CND $
Ertragszuwachs in einem Jahr	–15 %
Jahresgewinn	180 Mio. CND $
Gewinnzuwachs in einem Jahr	250 %

Petrobank Energy & Resources Ltd.

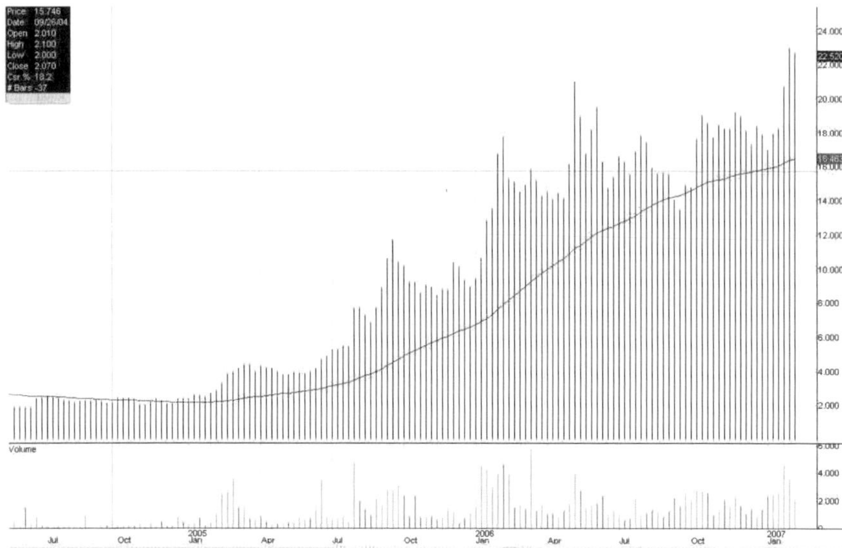

Abb. 51: 2-Jahres-Histogramm der Petrobank Energy & Resources-Aktie (PBG – TSX) PBG zeigt einen Zuwachs von 860 % seit 30.6.2004 und ist das erfolgreichste Unternehmen des Indexes seit dessen Einführung.
Quelle: QCharts, Sustainable Wealth Management Ltd.

Petrobank Energy & Resources (PBG) entwickelt derzeit ein einzigartiges In-Situ-Projekt mit der Anwendung ihres eigenen „Toe to Heal Air Injection"-Extraktionsverfahrens (THAI). Es wird erwartet, dass die erste Produktion bis 2008 aus ihrem „Whitesands/Orion"-Projekt bei 10.000 Barrel pro Tag eines teilweise angereicherten Bitumens liegen wird; die geplante Produktion für 2015 beträgt 46.000 Barrel pro Tag. Wenn das Projekt wirtschaftlichen Erfolg hat, werden sich die Betriebskosten für zukünftige Ölsandprojekte beträchtlich reduzieren, da Erdgas nicht mehr notwendig ist und das Bitumen bereits im Reservoir angereichert wird. Die PBG-Produktion wird bis 2015 1,4 % der gesamten Ölsandproduktion der 17 im SOSSPI aufgeführten Unternehmen ausmachen.

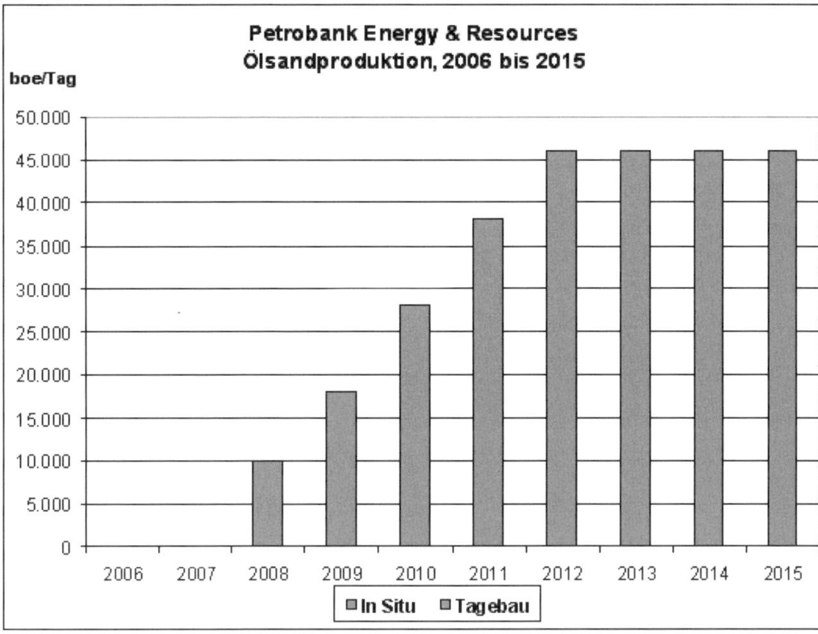

Abb. 52: Petrobank Energy & Resources Ölsandproduktion, 2006 – 2015
Quelle: Geschäftsberichte, Sustainable Wealth Management Ltd.

Investment-Zahlen (am 31.1.2007)

Ausgegebene Aktien	67.292.874
Marktwert	1,5 Mrd. CND $
EPS	0,40 CND $
P/E	56,3
Jahresertrag	97 Mio. CND $
Ertragszuwachs in einem Jahr	27 %
Jahresgewinn	25,7 Mio. CND $
Gewinnzuwachs in einem Jahr	80 %

Petro-Canada

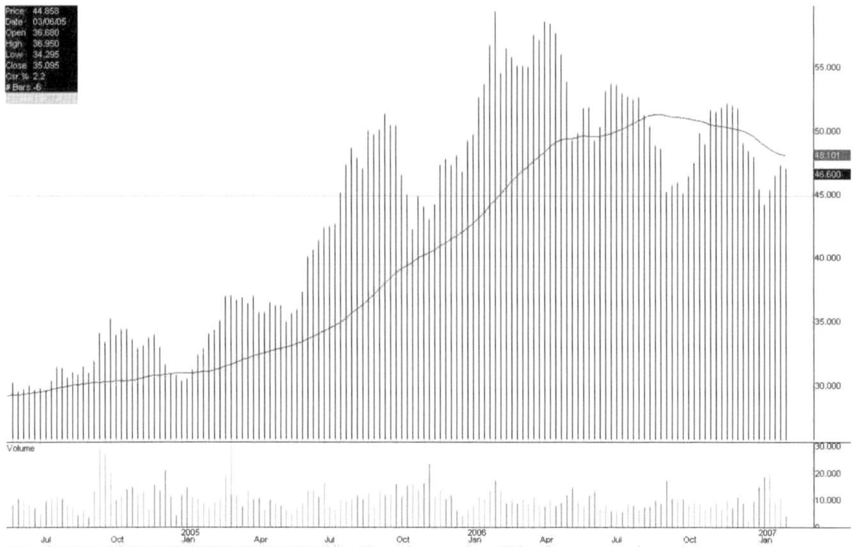

Abb. 53: 2-Jahres-Histogramm der Petro-Canada-Aktie (PCA – TSX)
PCA zeigt einen Zuwachs von 61 % seit 30.6.2004.
Quelle: QCharts, Sustainable Wealth Management Ltd.

Petro-Canada (PCA) ist eines der aktivsten Erschließungsunternehmen für kanadischen Ölsand. Die derzeitige Produktion liegt bei 68.000 Barrel pro Tag aus ihren 12 %-Anteil an den Eigentumsrechten am Syncrude-Tagebauprojekt und aus ihrem eigenen In-Situ-Projekt „MacKay River" (SAGD-Verfahren). Das zukünftige Wachstum der PCA-Ölsandproduktion wird hauptsächlich aus ihren 55 %-Anteil an den Eigentumsrechten am Tagebau- und Anreicherungsprojekt „Fort Hills" in Zusammenarbeit mit Teck Cominco & UTS Energy kommen. Es wird erwartet, dass die erste Produktion bei 11.000 Barrel pro Tag liegen wird (nur Anteil von PCA am Projekt), mit einem Anstieg bis 2015 auf über 94.600 Barrel pro Tag. Eine weitere Produktion wird aus den In-Situ-Projekten „Meadow Creek" und „Lewis" (beides mit der SAGD-Methode) erwartet, die 2009 mit der Produktion beginnen werden. Insgesamt wird PCA über 281.600 Barrel pro Tag aus allen Ölsandprojekten bis 2015 produzieren, was 8,7 % der gesamten Ölsandproduktion der 17 im SOSSPI aufgeführten Unternehmen ausmachen wird.

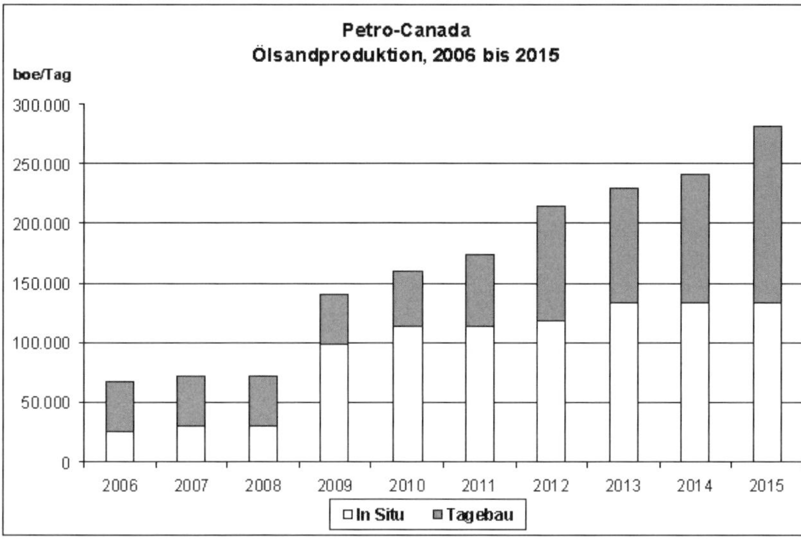

Abb. 54: Petro-Canada Ölsandproduktion, 2006 – 2015
Quelle: Geschäftsberichte, Sustainable Wealth Management Ltd.

Investment-Zahlen (am 31.1.2007)

Ausgegebene Aktien	497.538.385
Marktwert	23,2 Mrd. CND $
EPS	3,46 CND $
P/E	13,5
Jahresertrag	18,7 Mrd. CND $
Ertragszuwachs in einem Jahr	11 %
Jahresgewinn	1,7 Mrd. CND $
Gewinnzuwachs in einem Jahr	–3 %

Shell Canada

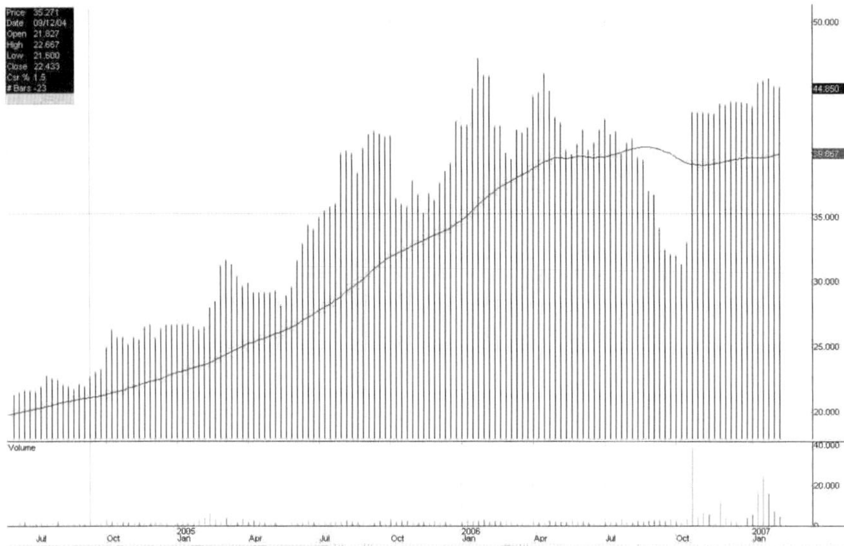

Abb. 55: 2-Jahres-Histogramm der Shell Canada-Aktie (SHC – TSX)
SHC zeigt einen Zuwachs von 109 % seit 30.6.2004, es existiert ein Übernahmeangebot des Mutterkonzerns Royal Dutch Shell aus den Niederlanden.
Quelle: QCharts, Sustainable Wealth Management Ltd.

Shell Canada (SHC) ist der Mehrheitsaktionär im Athabasca-Ölsandprojekt (AOSP) unter Beteiligung von Chevron und Western Oil Sands. Der 60 %-Anteil an den Eigentumsrechten resultiert in einer Nettoproduktion von 99.000 Barrel pro Tag für SHC. Das In-Situ-Projekt „Peace River“ (CSS-Verfahren) fügt dem weitere 12.000 Barrel pro Tag hinzu. Beide Projekte sollen in den nächsten zehn Jahren massiv erweitert werden. Die Netto-AOSP-Produktion soll im Jahr 2015 291.000 Barrel pro Tag erreichen, die „Peace River“-Produktion 100.000 Barrel pro Tag. Insgesamt wird SHC bis 2015 über 391.000 Barrel pro Tag produzieren, 12 % der gesamten Ölsandproduktion der 17 im SOSSPI aufgeführten Unternehmen.

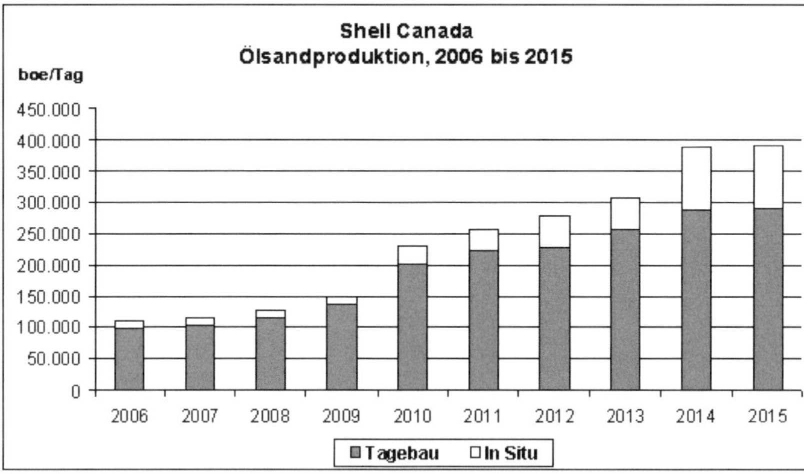

Abb. 56: Shell Canada Ölsandproduktion, 2006 – 2015
Quelle: Geschäftsberichte, Sustainable Wealth Management Ltd.

Investment-Zahlen (am 31.1.2007)

Ausgegebene Aktien	825.662.514
Marktwert	37 Mrd. CND $
EPS	2,09 CND $
P/E	21,5
Jahresertrag	14,8 Mrd. CND $
Ertragszuwachs in einem Jahr	3 %
Jahresgewinn	1,7 Mrd. CND $
Gewinnzuwachs in einem Jahr	–14 %

Suncor Energy

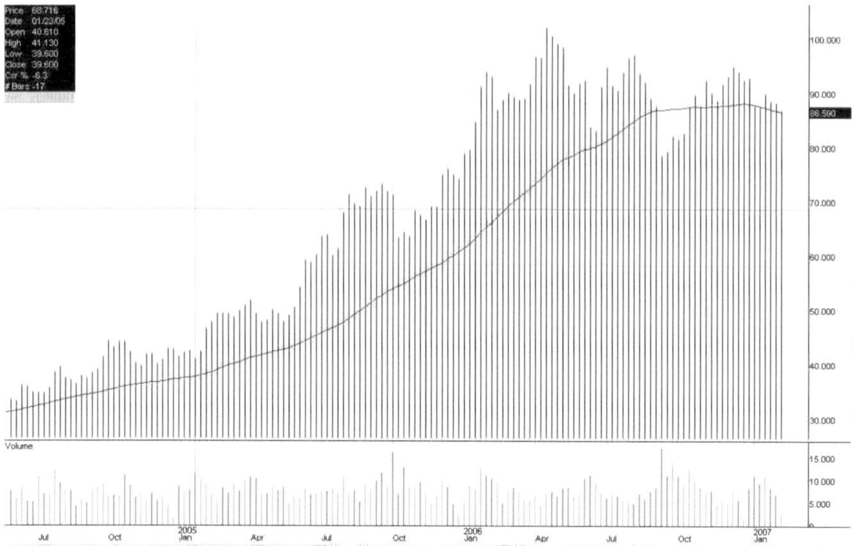

Abb. 57: 2-Jahres-Histogramm der Suncor Energy Aktie (SU – TSX)
SU zeigt einen Zuwachs von 151 % seit 30.6.2004.
Quelle: QCharts, Sustainable Wealth Management Ltd.

Suncor Energy (SU) ist der älteste kanadische Ölsanderzeuger. Die derzeitige Produktion beträgt ungefähr 260.000 Barrel pro Tag aus dem „Millennium"-Tagebauprojekt und dem In-Situ-Projekt „Firebag" (SAGD-Verfahren). Das zukünftige Wachstum der SU-Ölsandproduktion wird hauptsächlich aus dem „Voyageur"-Tagebauprojekt und der Erweiterung von „Firebag" stammen. Die Anfangsproduktion bis 2011 wird bei 35.000 Barrel pro Tag an synthetischem Rohöl (SCO) aus dem „Voyageur"-Projekt und die geplante Produktion für 2015 bei 135.000 Barrel pro Tag liegen. „Firebag" soll von den gegenwärtigen 24.000 Barrel auf 140.000 Barrel pro Tag steigen. Insgesamt wird SU weiterhin der größte Ölsanderzeuger in Kanada bleiben und bis 2015 über 516.000 Barrel pro Tag aus allen seinen Ölsandprojekten produzieren, was 15,9 % der gesamten Ölsandproduktion der 17 im SOSSPI aufgeführten Unternehmen ausmachen wird. Gegenwärtig stellt die Suncor-Produktion mit 260.000 Barrel pro Tag beeindruckende 24,2 % der kanadischen Ölsandproduktion dar, der größte Posten unter den Einzelunternehmen.

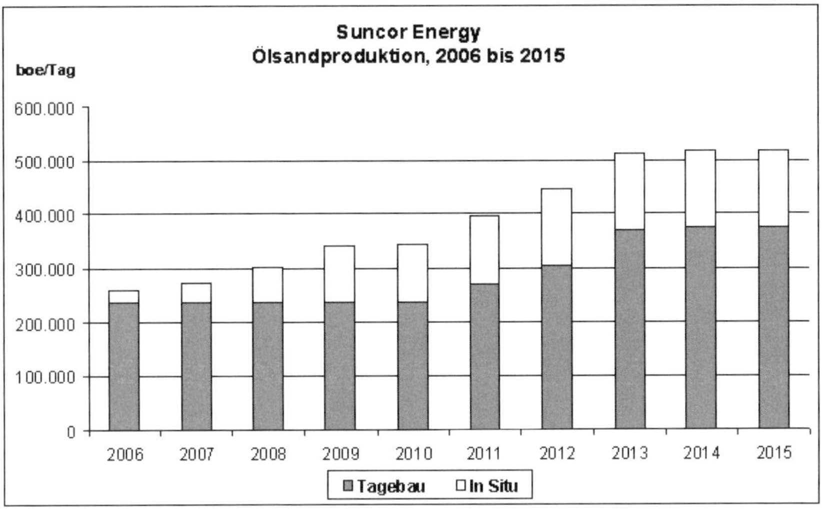

Abb. 58: Suncor Energy Ölsandproduktion, 2006 – 2015
Quelle: Geschäftsberichte, Sustainable Wealth Management Ltd.

Investment-Zahlen (am 31.1.2007)

Ausgegebene Aktien	459.944.000
Marktwert	39,8 Mrd. CND $
EPS	6,47 CND $
P/E	13,4
Jahresertrag	15,9 Mrd. CND $
Ertragszuwachs in einem Jahr	43 %
Jahresgewinn	2,97 Mrd. CND $
Gewinnzuwachs in einem Jahr	157 %

Synenco Energy

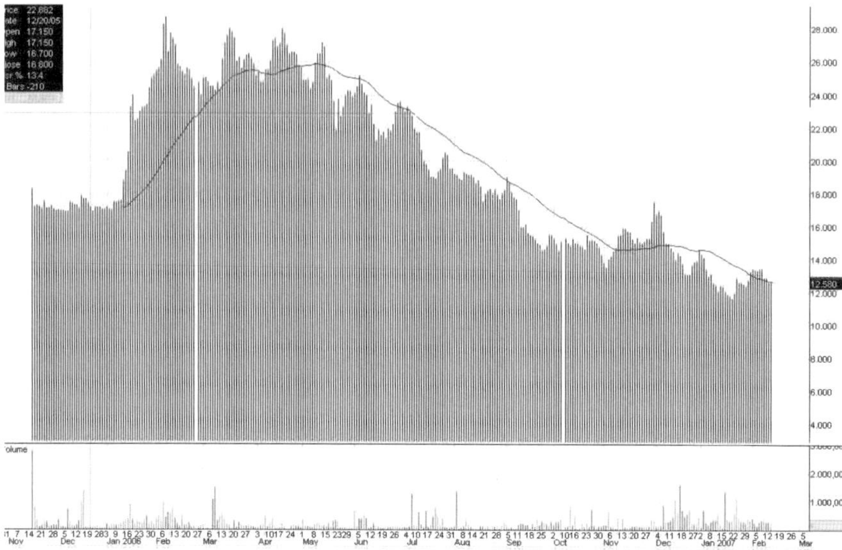

Abb. 59: 2-Jahres-Histogramm der Synenco Energy-Aktie (SYN – TSX)
SYN zeigt einen Verlust von 30 % seit dem Börsengang im November 2005 und konnte sich erst am 30.6.3006 für den Index qualifizieren.
Quelle: QCharts, Sustainable Wealth Management Ltd.

Synenco Energy (SYN) ist ein neues Unternehmen, das sich auf die Erschließung des kanadischen Ölsands konzentriert. Synenco hat sich mit Sinopec aus China zusammengeschlossen, um das „Northern Lights"-Tagebauprojekt zu erschließen. SYN besitzt 60 % der Anteile an dem Projekt, die Produktionsaufnahme wird für 2011 oder 2012 erwartet. Die Anfangsproduktion, die SYN verbuchen kann, wird mit 12.000 Barrel pro Tag vorausberechnet, soll dann aber rasch auf 60.000 Barrel pro Tag bis 2013 gesteigert werden. Hinzu kommt, dass SYN 100 % der Eigentumsrechte an den Ölsand-Leases hat, die es wahrscheinlich selbst erschließen wird. Die SYN-Produktion von 60.000 Barrel pro Tag wird 2015 1,9 % der gesamten Ölsandproduktion der 17 im SOSSPI aufgeführten Unternehmen ausmachen.

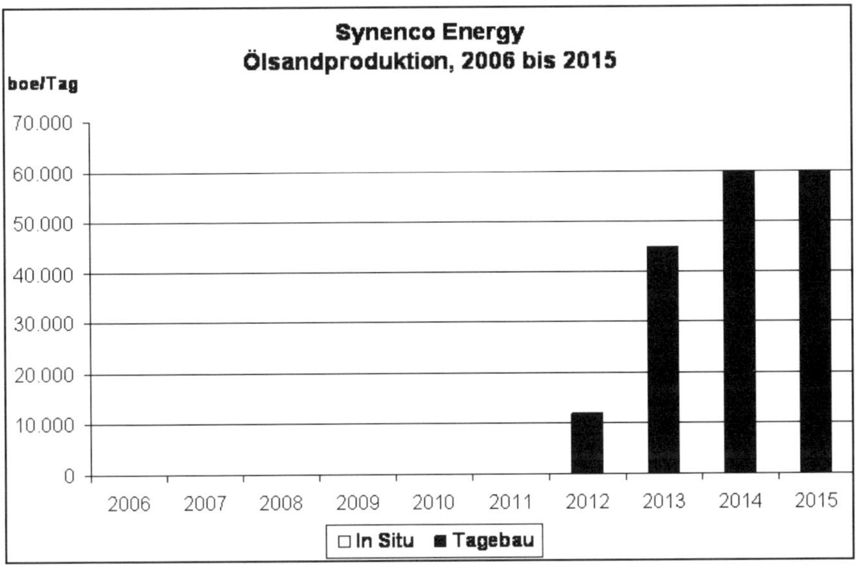

Abb. 60: Synenco Energy Ölsandproduktion, 2006 – 2015
Quelle: Geschäftsberichte, Sustainable Wealth Management Ltd.

Investment-Zahlen (am 31.1.2007)

Ausgegebene Aktien	50.153.149
Marktwert	630 Mio. CND $
EPS	0,08 CND $
P/E	157
Jahresertrag	14 Mio. CND $
Ertragszuwachs in einem Jahr	keine Angabe
Jahresgewinn	3,1 Mio. CND $
Gewinnzuwachs in einem Jahr	keine Angabe

UTS Energy

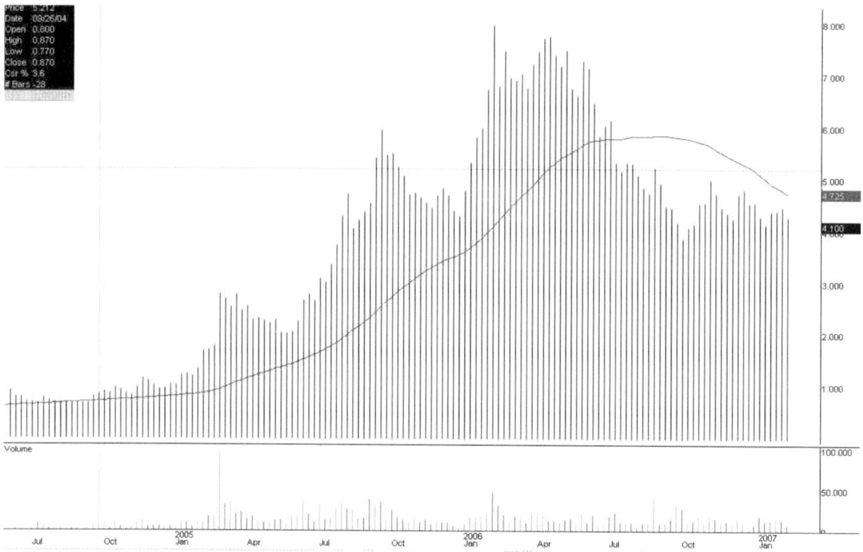

Abb. 61: 2-Jahres-Histogramm der UTS Energy-Aktie (UTS – TSX)
UTS zeigt einen Zuwachs von 503 % seit 30.6.2004.
Quelle: QCharts, Sustainable Wealth Management Ltd.

UTS Energy (UTS) ist ein reines Spekulationsunternehmen in kanadischen Ölsand. UTS besitzt 30 % der Anteile am Tagebau- und Veredlungsprojekt „Fort Hills“ in Teilhaberschaft mit Teck Cominco & Petro-Canada. Die Anfangsproduktion, die UTS für sich verbuchen kann, wird bei 6.000 Barrel pro Tag liegen, wird bis 2015 aber auf über 51.600 Barrel pro Tag ansteigen. Dies wird 1,6 % der gesamten Ölsandproduktion der 17 im SOSSPI aufgeführten Unternehmen ausmachen. UTS ist einer der besten Performer des SOSSPI, es ist aber auch die Aktie mit den größten Schwankungen.

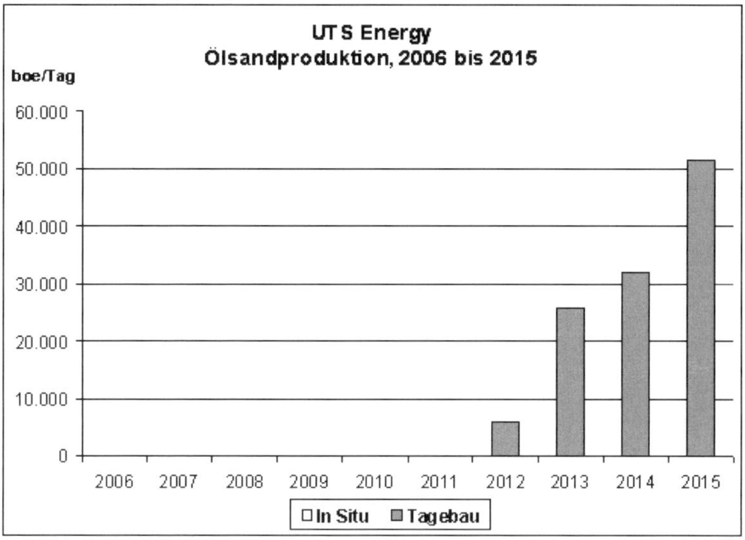

Abb. 62: UTS Energy Ölsandproduktion, 2006 – 2015
Quelle: Geschäftsberichte, Sustainable Wealth Management Ltd.

Investment-Zahlen (am 31.1.2007)

Ausgegebene Aktien	424.746.073
Marktwert	1,7 Mrd. CND $
EPS	0,00 CND $
P/E	keine Angabe
Jahresertrag	3,5 Mio. CND $
Ertragszuwachs in einem Jahr	136 %
Jahresgewinn	1,1 Mio. CND $
Gewinnzuwachs in einem Jahr	125 %

Western Oil Sands

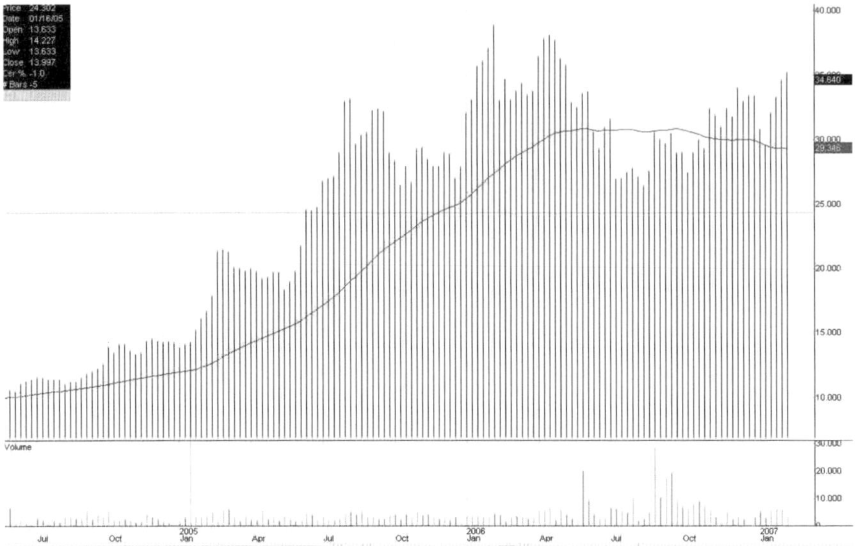

Abb. 63: 2-Jahres-Histogramm der Western Oil Sands-Aktie (WTO – TSX)
WTO zeigt einen Zuwachs von 205 % seit 30.6.2004.
Quelle: QCharts, Sustainable Wealth Management Ltd.

Western Oil Sands (WTO) ist der Minderheitsaktionär des Athabasca-Ölsandprojekts (AOSP) in Teilhaberschaft mit Chevron und Shell Canada. Der 20%-Anteil resultiert in einer Nettoproduktion für WTO von 33.000 Barrel pro Tag. AOSP wird in den nächsten zehn Jahren vehement expandieren. Die reine AOSP-Produktion soll dann im Jahr 2015 bei 97.000 Barrel pro Tag liegen, was 3 % der gesamten Ölsandproduktion der 17 im SOSSPI aufgeführten Unternehmen ausmachen wird.

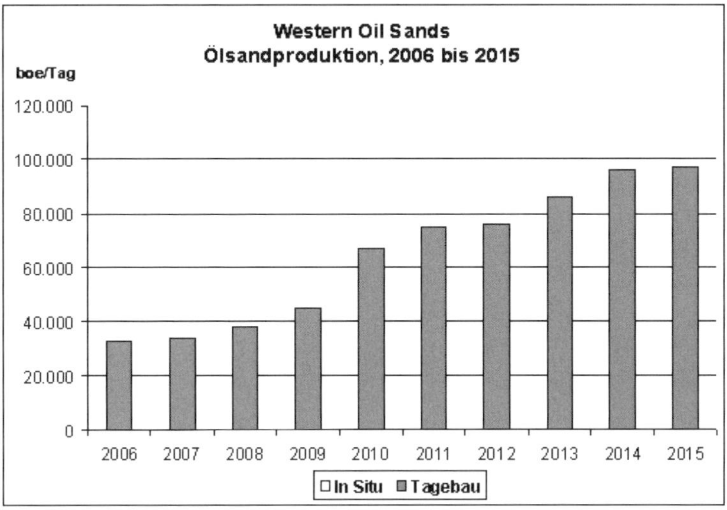

Abb. 64: Western Oil Sands Produktion, 2006 – 2015,
Quelle: Geschäftsberichte, Sustainable Wealth Management Ltd.

Investment-Zahlen (am 31.1.2007)

Ausgegebene Aktien	161.089.649
Marktwert	5,6 Mrd. CND $
EPS	0,52 CND $
P/E	66,6
Jahresertrag	955 Mio. CND $
Ertragszuwachs in einem Jahr	6,6 %
Jahresgewinn	84 Mio. CND $
Gewinnzuwachs in einem Jahr	–14,8 %

Investition in Einkommen und Wachstum

Anfang 2006 wurde eine Gruppe geschlossener Investitionsfonds ins Leben gerufen, um den Investoren ein direktes Engagement in kanadischen Ölsand zu ermöglichen. Diese Fonds basieren auf dem erfolgreichen Treuhandeinkünftemodell und erzielten über 500 Mio. CND $ hauptsächlich von Einzelanlegern bei kanadischen Maklern. Die Investmenttrusts haben niedrige Ausschüttungen, da die Ölsanderzeuger keine beachtlichen Dividenden zahlen, sondern sehr umfangreich in ihre Projekte reinvestieren. Um dies zu kompensieren und sicherzustellen, dass das Kapital der Trusts nicht durch Ausschüttungen dezimiert wird, kombinieren die Anlagenverwalter der Trusts hochverzinsliche Öl- und Gastrusts, um die Erträge zu steigern. Tabelle 17 vergleicht die Einkommen und das Wachstum der in drei Kanada erhältlichen, auf Ölsand konzentrierten geschlossenen Fonds.

Tabelle 17: *Geschlossene Fonds fokussiert auf kanadischen Ölsand*

Unternehmensname	**Aktien-Symbol**	**Gegenwärtiger Ertrag (31.1.2007)**	**Kapitalanlagen (in Mrd. Dollar) (31.1.2007)**
Enervest Energy & Oil Sands Total Return Trust	EOS.un – TSX	7,0 %	36
Oil Sands Sector Fund Trust (Markland Street/ AGF)	OSF.un – TSX	6,0 %	361
Sentry Select Oil Sands & Energy Mega-Projects Trust	OSM.un – TSX	6,3 %	85

Das Timing der Einführung dieser Fonds an der Börse war allgemein schlecht, da die meisten Ölsanderzeuger sich nach den Spitzenwerten im Januar und April 2006 in einer Flaute oder im Abwärtstrend befanden. Trotz des schlechten Timings bietet jeder Fonds verschiedene Möglichkeiten für ein Engagement in kanadischen Ölsand und einen ständigen Strom an Einnahmen, von dem sicher ist, dass er in Zukunft noch anwachsen wird, wenn die Ölsanderzeuger ihre Großprojekte fertig gestellt haben. Das wichtigste Thema für die Anleger ist die Tendenz dieser Anlagen, unter dem realen Wert gehandelt zu werden (Nettoanlagewert pro Aktie – Net Asset Value Per Share, NAVPS). Im Zeitpunkt, zu dem dieses Buch überarbeitet wurde, im Januar 2007, wurden diese Anlagen zwischen 6 und 9 % unter ihrem realen Wert gehandelt. Für Neuanleger bedeutet dies, dass man einen Trustanteilschein zu herabgesetzten Preisen erwirbt, für die bestehenden Anleger heißt das jedoch, dass sie nicht den vollen Wert bekommen, wenn es erforderlich sein sollte, die Anteilscheine zu diesem Zeitpunkt zu verkaufen. Eine weitere Überlegung der Anleger ist die Liquidität ihrer Investition. An einem typischen Handelstag werden diese geschlossenen Fonds mit weniger als 50.000 Aktien pro Tag gehandelt, was bedeutet, dass die Anleger, die versuchen, eine große Menge dieser Fonds zu kaufen oder zu verkaufen, einen Mangel an Liquidität feststellen werden. Gegenwärtig sind die größten Käufer dieser Anteilscheine die Anlageverwalter selbst, die bis zu 10 % der ausgegebenen Aktien zum herabgesetzten Tagespreis kaufen, um eine Marktliquidität zu schaffen und die Kapitalrendite der Fonds in Zukunft aufzustocken.

Enervest Energy & Oil Sands

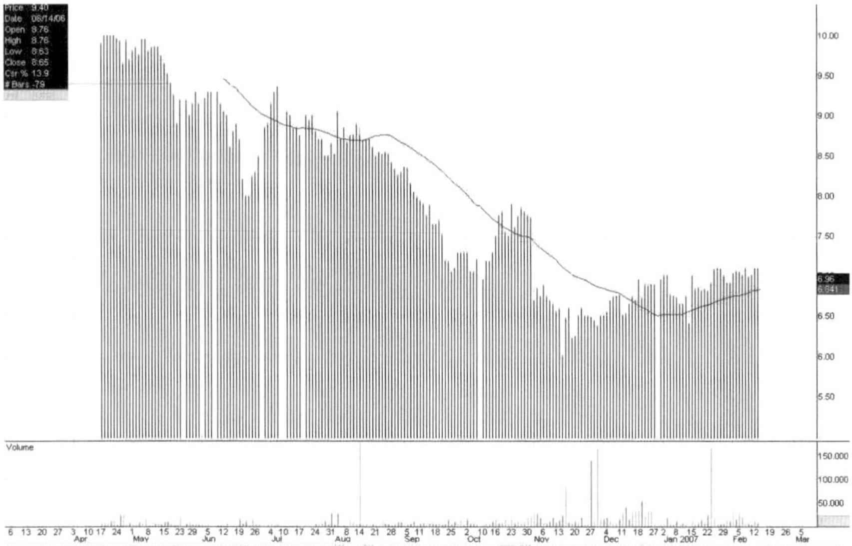

Abb. 65: Enervest Energy & Oil Sands – Gesamtertrag des Trusts EOS.un verzeichnet einen Verlust von 30 % seit der Gründung im April 2006. Quelle: QCharts, Sustainable Wealth Management Ltd.

Investment-Zahlen (am 31.1.2007)

Ausschüttung pro Anteilschein	0,50 $ monatlich 0,0417 $
Marktwert	36 Mio. CND $
Nettoanlagewert pro Anteilschein	7,58 $
Aktuelle Marktnotierung	6,96 $
Abzug vom Nettoanlagewert	8,2 %
Fondgründung	13.4.2006

AGF/Markland Street Oil Sands Sector Fund Trust

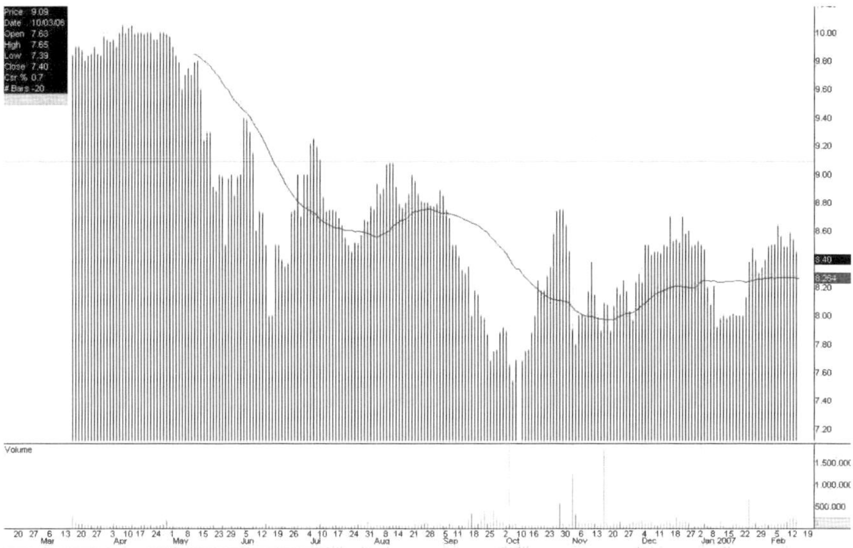

Abb. 66: AGF/Markland Street Oil Sands Sector Fund Trust
OFS.un verzeichnet einen Verlust von 16 % seit der Gründung im März 2006.
Quelle: QCharts, Sustainable Wealth Management Ltd.

Investment-Zahlen (am 31.1.2007)

Ausschüttung pro Anteilschein	0,50 $ monatlich 0,125 $
Marktwert	361 Mio. CND $
Nettoanlagewert pro Anteilschein	8,96 $
Aktuelle Marktnotierung	8,40 $
Abzug vom Nettoanlagewert	6,3 %
Fondgründung	15.3.2006

Sentry Select Oil Sands & Energy Mega-Projects Trust

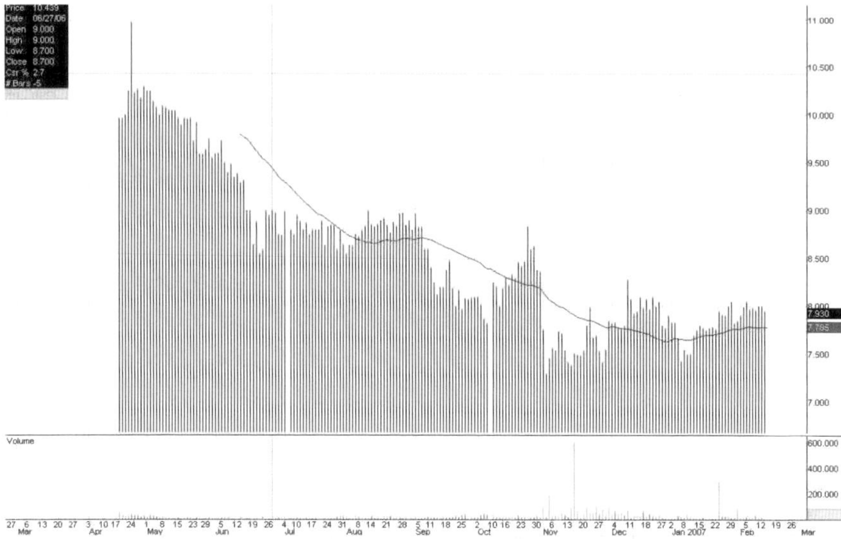

Abb. 67: Sentry Select Oil Sands & Energy Mega-Projects Trust
OSM.un verzeichnet einen Verlust von 21 % seit der Gründung im April 2006.
Quelle: QCharts, Sustainable Wealth Management Ltd.

Investment-Zahlen (am 31.1.2007)

Ausschüttung pro Anteilschein	0,50 $ monatlich 0,0417 $
Marktwert	85 Mio. CND $
Nettoanlagewert pro Anteilschein	8,46 $
Aktuelle Marktnotierung	7,93 $
Abzug vom Nettoanlagewert	6,2 %
Fondgründung	18.4.2006

Anpassung des Indexes

Die einfachste und kostengünstigste Methode der Indexanpassung ist, in den Exchange Traded Fund (ETF, börsengehandelter Fonds) zu investieren. Sustainable Wealth Management Ltd. hat vor kurzem ein Abkommen mit Claymore Investments Inc. unterzeichnet, um den SOSSPI zu genau diesem Zweck zu lizenzieren. Der ETF nennt sich Claymore Oil Sands Sector ETF und wird unter der Abkürzung CLO ab 26.10.2006 an der Börse von Toronto gehandelt.

Verglichen mit den zuvor genannten geschlossenen Fonds wird der Claymore Oil Sands Sector ETF folgende Vorteile aufweisen:

- niedrigere Verwaltungskosten
- 100 % Fokus auf kanadische Ölsanderzeuger
- 100 % wachstumsorientiert
- steuergünstige Struktur
- Marktliquidität (Handelsunterstützung durch Maklergesellschaften und -institutionen)
- 100 % Transparenz der Holdings zu jeder Zeit

Claymore unterhält eine detaillierte Website, die allen Anlegern Informationen zu den aktuellen Marktpreisen und am Ende des Tages den Nettofinanzwert des Indexes liefert (http://www.claymoreinvestments.ca/ETFs/Public/etf/ETFHome.aspx). Außerdem veröffentlicht Claymore den CLO-Investorenleitfaden (Claymore Oil Sands Sector ETF), der die Details des ETF sowie die Anlagemöglichkeiten im Sektor umreißt. Der Leitfaden kann von der Claymore-Website heruntergeladen werden (http://www.claymoreinvestments.ca/ETFs/Public/common/DisplayLiterature.aspx?ID=73941316-af28-445f-bd8d-aa1e155e22cb).

Abb. 68: Diagramm des Sustainable Oil Sands Sector Price Index
Quelle: Sustainable Wealth Management Ltd.

Der TSX Capped Energy Index wird übertrumpft

Der S&P/TSX Capped Energy Index war in den letzten drei Jahren einer der Indices mit der besten Performance. Der Index verzeichnete laut Globeinvestor einen jährlichern Zuwachs von 28,6 % (Stand: Ende Januar 2007).[49] Dies war ausreichend, um 17 von 64 gleichwertigen Ressourcenanlagefonds während dieser Zeit zu übertreffen. Wenn man die Liste auf die reinen Energiefonds beschränkt, wurden bis auf einen alle der zehn gleichwertigen Fonds übertroffen. Viele Anleger glauben, dass eine Anpassung an einen passiven Index nicht ausreicht, sondern dass das Spezialwissen und ein disziplinierter Ansatz den Benchmark-Index wesentlich übertreffen kann. Ein Unternehmen, das sich darauf konzentriert, den S&P/TSX Capped Energy Index zu übertrumpfen, ist die Scivest Alternative Strategies Inc. Dieses Unternehmen hat sich darauf spezialisiert, die Anlageerträge aus jedem Index zu steigern, indem man die preisgekrönte PLUS-Strategie einsetzt. Anfang 2006 schuf Scivest den ersten Fonds, basierend auf dem Sustainable Oil Sands Sector Index™, der darauf ausgerichtet war, die Benchmark des TSX Capped Energy Index zu übertreffen.

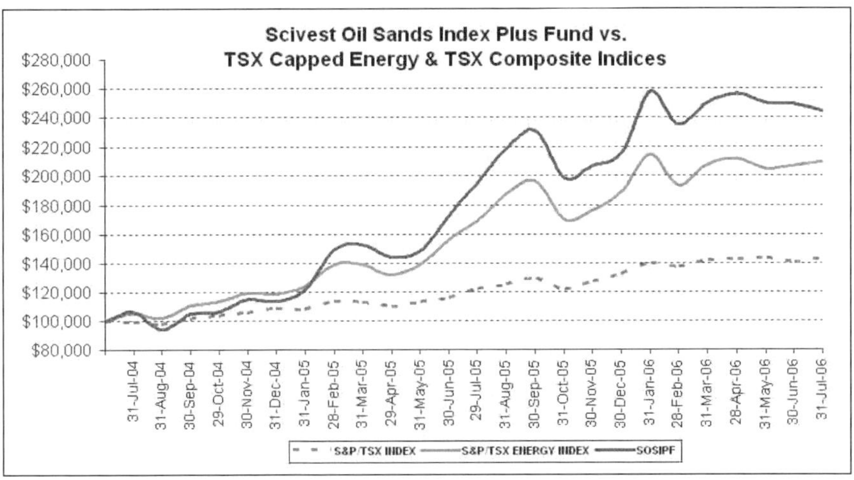

Abb. 69: Diagramm des TSX Composite & TSX Capped Energy Index im Vergleich zum Scivest Oil Sands Index Plus Fund (Backtested)
Quelle: Scivest Alternative Strategies

[49] Globeinvestor Gold, http://www.globeinvestorgold.com.

Laut Angaben des Unternehmens hat die PLUS-Strategie für die Anleger folgende Vorteile:

- keine Änderung der bestehenden Kapitalzuteilungen
- Kapital wird effizienter eingesetzt
- größere Auffächerung des Portfoliorisikos
- Kosteneinsparungen
- reduziertes Markt-Timing und Anlageninvestitionsentscheidungen

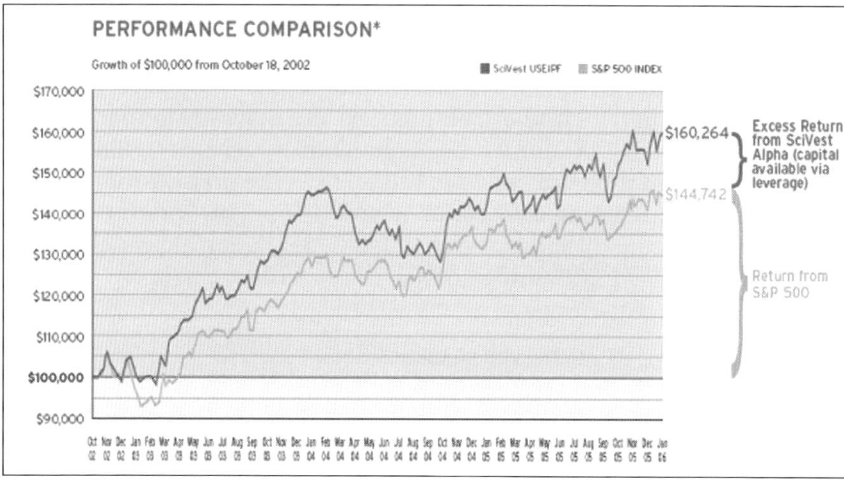

Abb. 70: Performance Vergleich S&P 500 Index im Vergleich zum Scivest US Equity Index Plus Fund Quelle: Scivest Alternative Strategies

Abb. 70 zeigt, wie Scivest konsequent in den letzten drei Jahren dem S&P 500 Index an Wert überstieg. Der Fonds hat im Durchschnitt 3,2 % pro Jahr auf den S&P 500 Index[18] zugelegt. Dies ist ein beeindruckendes Ergebnis, wenn man bedenkt, dass der Index der weltgrößte Benchmark-Aktienindex nach Marktwert ist und weniger als 5 % der gesamten US-amerikanischen Equity-Fonds, die in Kanada erhältlich sind, in der Lage waren, den S&P Index in den letzten drei Jahren zu übertreffen.

[18] Scivest Alternative Strategies, http://www.scivest.com.

Investment-Zahlen SOSIPF Class A Anteilscheine (zum 4.8.2006)

Nettokapitalwert pro Anteilschein	104,20 $
Aktuelle Marktnotierung	104,20 $
Abzug vom Nettoanlagewert	0,0 %

(Dies ist ein offener Fonds, jede Woche zum Nettokapitalwert rückkaufbar.)

Fondgründung	10.3.2006
Gesamtertrag für Erstanleger	4,2 %(4.8.2006 Schlusstermin)

Verfügbarkeit: Durch Anlageberater im Rahmen einer Emissionserklärung; Investoren müssen akkreditiert sein.

Unternehmenswebsite	www.Scivest.com

Reduzierung der Risiken

Der Sustainable Oil Sands Sector Index hat seit seiner Gründung außergewöhnliche Erträge generiert, jedoch ist das Risiko bedeutend höher als beim konventionellen S&P/TSX Capped Energy Index. Gemessen an den Standardabweichungen akzeptieren Anleger beim SOSSPI 30 % mehr Risiko als beim Benchmark-Energie-Index. Das Zusatzrisiko wird durch 93 % höhere Erträge aufgewogen (siehe Abb. 71). Wer die höheren Erträge aus kanadischen Ölsanderzeugern für sich verbuchen möchte, aber nicht bereit ist, das zusätzliche Risiko auf sich zu nehmen, kann seine Anlage absichern, indem der ETF verwendet wird, der dem S&P/TSX Capped Energy Index folgt.

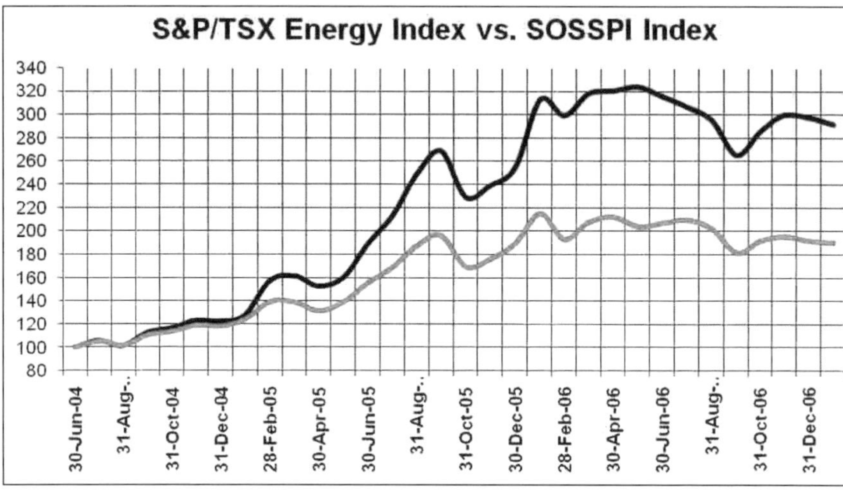

Abb. 71: Performance-Vergleich: S&P/TSX Capped Energy Index im Vergleich zum SOSSPI
Quelle: Starquote, Sustainable Wealth Management Ltd.

Tabelle 18 zeigt, dass die Erträge des S&P/TSX Capped Energy Index (TTEN) eng mit dem SOSSPI verbunden sind. Im Allgemeinen ist das Risiko der beiden Indices fast identisch: sowohl die monatlichen Erträge (in %) sind negativ (31% für TTEN, 35% für SOSSPI), als auch bei den schlechtesten Monatserträgen (–13,6% für TTEN, –14,7% für SOSSPI). Der SOSSPI hat einen wesentlich höheren durchschnittlichen Monatsertrag (4,3% gegenüber 3,0% für den TTEN) und höhere positive Erträge gezeigt, wenn der Markt gut war.

Tabelle 18: Performance-Statistiken: SOSSPI im Vergleich zum TTEN

Unternehmensname	S&P/TSX Capped Energy Index (TTEN)	SOSSPI Index
Kumulativer Ertrag (31.1.2007)	90,4 %	185,3 %
Bester Monatsertrag	13,6 %	23,3 %
Schlechtester Monatsertrag	–13,6 %	–14,9 %
Durchschnittlicher Monatsertrag	2,3 %	3,9 %
% Positive Monatserträge	65 %	65 %
Standardabweichung der Erträge	6,7 %	8,7 %

Quelle: Bloomberg, Sustainable Wealth Management Ltd.

Zwischen dem SOSSPI und dem TTEN Energy Index gibt es ca. 70 % Überschneidungen. Eine geeignete Strategie, sich vor einem bevorstehenden größeren Verlust im kanadischen Ölsand (repräsentiert durch den SOSSPI) zu schützen, ist die Kürzung der iShares S&P/TSX Energy ETF (Symbol: XEG auf der TSX) um ungefähr 70 % des Wertes der Gesamtinvestition in kanadische Ölsanderzeuger. Das bewirkt, dass das Nettoengagement auf dem Markt gerade mal um 30 % reduziert wird, was 70% Bargeld entspricht.

Die Vorteile für den Anleger sind folgende:

- Man muss seine bestehende Position nicht verkaufen, um sich vor einer zu erwartenden Baisse zu schützen; dies verhindert das Auslösen eines langfristigen Kapitalgewinns und damit verbundener Steuern.
- Man kann sich schnell durch eine einzige Transaktion schützen.
- Man kann seine Entscheidung, die auf eine fallende Tendenz ausgerichtet ist, mit einer einzigen Transaktion rückgängig machen.
- Wenn man sich bei der erwarteten Baisse geirrt hat, kann man dennoch profitieren.

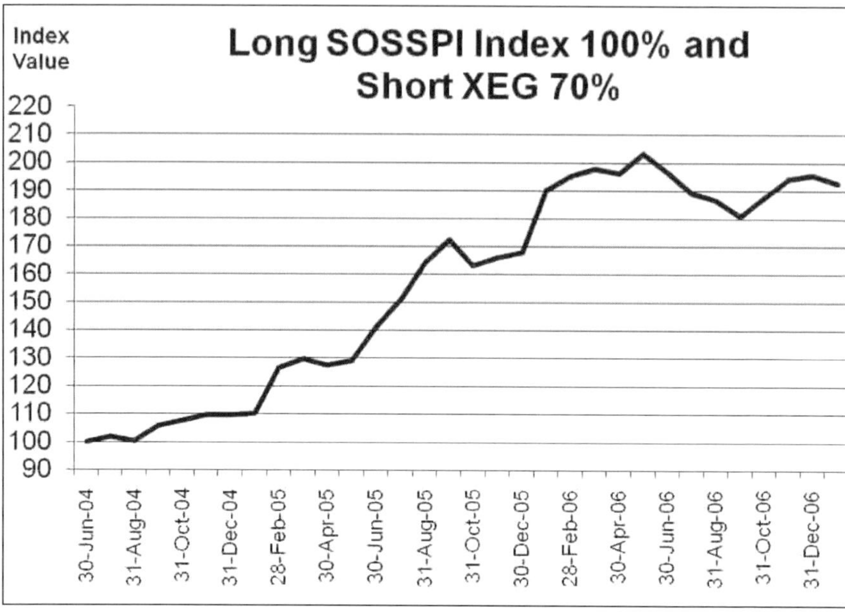

Abb. 72: Gesichertes Portfolio, 100% investiert in SOSSPI, 70% gekürzt in XEG
Quelle: Bloomberg, Starquote, Sustainable Wealth Management Ltd.

Abb. 72 zeigt die Erträge, die durch ein Portfolio generiert wurden, das zu 100 % zu jeder Zeit in den SOSSPI investiert wurde und kürzt auf 70% des Portfoliowerts durch die iShares S&P/TSX Energy Index ETF (Symbol an der TSX: XEG).

Dieses konservative Portfolio hätte Ende Januar 2007 folgende Ergebnisse generiert:

Kumulativer Ertrag	92,9 %
Bester monatlicher Ertrag	14,7 %
Schlechtester monatlicher Ertrag	–5,3 %
Durchschnittlicher Monatsertrag	2,25 %
Positive Erträge in %	68 %
Standardabweichung der Erträge	4,7 %

Insgesamt generierte dieses Portfolio eine Jahresertragsrate von 29 % für die Anleger und hatte nur 40 % des Risikos des Kursrückgangs gegenüber dem TSX Energy Benchmark (schlechtester Monat –5,3 % im Vergleich zu –13,6 % beim TTEN). Hinzu kommt, dass das gesicherte Portfolio einen höheren Monatsertrag während der besten Monate generieren konnte (14,7 % verglichen mit 13,6 %) als der TTEN Benchmark. Kurzum, das gesicherte Ölsandportfolio generierte einen Umsatz typisch für den Aktienmarkt aber mit der geringen Volatilität und hohen Beständigkeit des Anleihenmarktes. Diese Strategie spricht hervorragend konservative Anlagegesellschaften wie Pensionskassen und Stiftungsfonds an und sollte von risikoscheuen Privatanlegern in Betracht gezogen werden.

Zusammenfassung

Dieser Investoren-Leitfaden hat das Ziel, den Leser über die enormen Investitionsmöglichkeiten in kanadischen Ölsand zu informieren. Wir stehen am Anfang einer der wichtigsten Perioden in der Geschichte der kanadischen Energieerzeugung, die einen bedeutenden Zuwachs erlebt. Kanada ist bereits eines der führenden Erzeuger der Welt und gleichzeitig Exporteur der drei wichtigen Energiequellen, Kohle, Erdgas und Öl.

Ölsand bietet die größte Investitionsmöglichkeit auf dem derzeitigen internationalen Energiesektor. Von den insgesamt nachgewiesenen 174 Mrd. Barrel wurden bis heute nur 3 % gefördert. Im Vergleich dazu haben die meisten ölerzeugenden Regionen ihre besten Zeiten schon hinter sich und stehen einem Rückgang ihrer konventionellen Ölerzeugung gegenüber.

Kanada und die Provinz Alberta haben ein investorfreundliches Steuer- und Lizenzvergabesystem, das eine rasche Erschließung und Ausbeutung der Ölsandressourcen antreibt. Trotz der massiven Investitionen und einer bereits 40 Jahre andauernden Erschließung wurden bislang nur 20 % der gesamten Ölsand-Leases erworben.

Die globale Nachfrage nach Energie steigt weiter in einem beschleunigten Tempo an, entsprechend der Zunahme der Bevölkerung und weil die Entwicklungsländer danach streben, Wohlstand und Lebensstandard der Industrienationen zu erreichen. Die reduzierte Energieintensität der ausgereiften Ökonomien Europas und Nordamerikas wird durch die rasche Industrialisierung Chinas, Indiens und Brasiliens zurückgeworfen. Öl wird weiterhin die globalen Energiemärkte beherrschen und die primäre Energiequelle für die Transportindustrie bleiben. Kanada ist eines der wenigen Länder, das die Kapazität hat, die Ölproduktion nachhaltig zu steigern, um der wachsenden Nachfrage gerecht zu werden.

Kanada ist auch eines der geopolitisch stabilsten Länder der Welt und hat bestehende Handelsverbindungen und eine große Nähe zu dem größten Ölimporteur – den USA. Die Mehrheit der restlichen Ölerzeugung der Welt liegt in politisch und wirtschaftlich instabilen Regionen wie Afrika und dem Mittleren Osten.

Der Hauptgrund gegen weitere Erschließungen des Ölsands sind die eskalierenden Kosten, die durch den Mangel an Fachkräften, höheren Eingangskosten (Material, Erdgas usw.) sowie die zunehmenden Umweltschäden durch Wasser- und Luftverschmutzung bedingt werden. Diese Probleme lassen sich nicht ohne weiteres lösen, müssen aber angegangen werden, um die Nachhaltigkeit gegenwärtiger und zukünftiger Ölsandprojekte aufrechtzuerhalten.

Der technologische Fortschritt bei den Gewinnungsverfahren für Ölsand versprechen eine Reduzierung des Verbrauchs von Erdgas und Wasser, einen Rückgang der Zerstörung der Umwelt und eine Verbesserung der Erschließungsrate der Ölsandvorkommen. Investitionen in die Technologie sind der Schlüssel zur Verbesserung der Wirtschaftlichkeit der Ölsanderzeuger und der Erhaltung der kanadischen Umwelt.

Schließlich müssen Anleger in kanadische Ölsanderzeuger erkennen, dass sie in den Anstieg der Rohölpreise investieren und mit Fremdkapital spekulieren. Preisschwankungen bei Rohöl, Erdgas und den Währungskursen haben auf die Anlageerträge einen bedeutenden Einfluss. Der größte Einfluss hat jedoch die Einstellung der Anleger gegenüber diesem Sektor. Im Zeitpunkt, zu dem dieses Buch geschrieben wurde, Ende des Sommers 2006, waren Bedenken über eine sich verlangsamende globale Wirtschaft zu vernehmen, auch über steigende Erschließungskosten beim Ölsand und einen Rückgang der geopolitischen Spannungen, welche die Aktienpreise der Ölsanderzeuger drastisch drückten. Dies war das genaue Gegenteil zu der Ölsandeuphorie, die im ersten Quartal 2006 nach der Gründung mehrerer Fonds zur Investition in kanadischen Ölsand eingesetzt hatte.

Ein starker Abwärtstrend auf diesem Sektor wird weiterhin die Anleger mit langfristigen Zielen beunruhigen, es steht jedoch zu hoffen, dass dieser Leitfaden klar gemacht hat, welches riesige Potential der kanadische Ölsand birgt, und dass Investitionen in diesem Sektor auch dunkle Zeiten erfolgreich durchstehen werden.

Tabellenverzeichnis

Abbildungsverzeichnis

Glossar der verwendeten Begriffe, Symbole und Umrechnungsformeln

Abbau – Das Gebiet zur Festlegung der Gesteinsmasse von Öl-, Rohbitumen- oder Gasreservoirs, normalerweise der Abbau der Null-Linie der gleichen Lagerstärke oder der zugewiesene Abbau eines Beckens oder einer Lagerstätte.

Abgas – Natürliches Gas, das aus Bitumen im Ölsand produziert wird. Dieses Gas ist typischerweise reich an Erdgasflüssigkeiten und Olefinen.

Abraum – In diesem Bericht ist Abraum ein Begriff aus dem Bergbau in Verbindung mit der Dicke des Materials über einem abbaubaren Vorkommen an Kohle oder Bitumen.

API Schwerkraft – Eine spezifische Schwerkraftskala, die von dem American Petroleum Institute (API) entwickelt wurde, um die relative Dichte oder Viskosität von verschiedenen Erdölflüssigkeiten zu errechnen.

Dichte – Masse oder Menge einer Substanz pro Volumeneinheit.

Entdeckungsjahr – Das Jahr, in dem die Bohrungen beendet und im Bohrloch Öl- oder Gasvorkommen entdeckt werden.

Erdgasflüssigkeit – Ethan, Propan, Butane, Plus-Pentane oder eine Kombination der genannten, gewonnen durch die Verarbeitung von Rohgas oder Kondensat.

Erfolgreiche Bohrung – Bohrlöcher für Gas oder Öl, die verkleidet und zur Zeit der Bohrung nicht aufgelassen sind. Weniger als 5 % der Bohrlöcher wurden 2003 zur Zeit der Bohrung aufgelassen.

Erstfestsetzung von Reserven – Festgesetzte Reserven vor jeglicher Ableitung durch Produktion.

Erstvolumen vor Ort – Das Volumen an Rohöl, Rohbitumen, Roherdgas oder Kohle, das berechnet oder dessen Vorhandensein in einen Reservoir angenommen wird, bevor mit der Produktion begonnen wird.

Etabliert – Jene Reserven, die im Rahmen der aktuellen Technologie erschließbar und vorhanden sind sowie **Reserven**, von denen zu erwarten ist, dass sie nach Bohrung, Tests oder Produktion als wirtschaftlich rentabel gelten, plus zusammenhängende erschließbare Reserven, die auf Grund von geologischen, geophysikalischen oder ähnlichen Informationen mit einer bestimmten Sicherheit als vorhanden gelten.

Ethan – Zusätzlich zu der normalen wissenschaftlichen Bedeutung ist es eine Mischung hauptsächlich aus Ethan, das normalerweise etwas Methan oder Propan enthalten kann (*Oil and Gas Conservation Act*, Section 1(1)(h.1)).

Extraktion (Gewinnung) – Das Verfahren zur Freisetzung von Hydrokarbon (Propan, Bitumen) aus der jeweiligen Quelle (Rohgas, abgebauter Ölsand).

Gas – Rohgas, vermarktbares Gas oder jeder andere Bestandteil von Rohgas, Kondensat, Rohbitumen oder Rohöl, erschlossen durch Verarbeitung und gasförmig in dem Zustand, zu dem das Volumen gemessen oder geschätzt wird (*Oil and Gas Conservation Act*, Section 1(1)(j.1)).

Gas (in Verbindung) – Gas in einem freien Zustand in Verbindung mit einem Rohölreservoir unter den Ausgangsbedingungen des Reservoirs.

Gas (Lösung) – Gas, das in Rohöl unter Reservoirbedingungen gelöst ist und sich als Ergebnis von Druck oder Temperaturänderungen entwickelt.

Gas (ohne Verbindung) – Gas, das nicht in Verbindung mit einem Reservoir mit einer Ansammlung von flüssigem Hydrokarbon zu Anfangsbedingungen eines Reservoirs steht.
Gas (Roh-) – Eine Mischung, die Methan oder paraffines Hydrokarbon, Nitrogen, Kohlendioxid, Schwefelwasserstoff, Helium und kleinere Verunreinigungen enthält oder eine Kombination dieser Bestandteile, aus einem Bohrloch eines unterirdischen Reservoirs erschlossen oder erschließbar und gasförmig unter den Bedingungen, unter denen das Volumen gemessen oder geschätzt wird (*Oil and Gas Conservation Act*, Section 1(1)(s.1)).
Gas (vermarktbar) – Eine Mischung hauptsächlich aus Methan, das aus Rohgas stammt oder, wenn nötig, aus der Verarbeitung von Rohgas zur Entfernung oder teilweisen Entfernung von einigen Bestandteilen und das den Beschreibungen für inländische, kommerzielle oder Industriebrennstoffe entspricht oder als industrielles Rohmaterial gilt (*Oil and Gas Conservation Act*, Section 1(1)(m)).
Gas-Öl-Verhältnis – Das Gasvolumen (in m^3, gemessen nach Standard-**(Anfangslösungs)**-Bedingungen), das in einem m^3 stock tank unter Reservoirbedingungen enthalten ist.
Gewinnung (erweitert) – Die erhöhte Gewinnung aus einer ölhaltigen Lagerstätte, die durch künstliche Mittel erreicht wurde oder durch die Anwendung von Energie, die von außen wirkend auf das Becken angewandt wird. Künstliche Mittel: bedeutet Druck, Durchlaufen, Druckbeibehaltung oder Einspritzen einer Substanz in die ölhaltige Lagerstätte oder einer Energieform, aber nicht die Einspritzung einer Substanz oder einer Energieform in ein Bohrloch zu dem einzigen Zweck (i) als Hilfe für die Anhebung der Flüssigkeiten im Bohrloch zu dienen, (ii) zur Stimulierung des Reservoirs in oder nahe des Bohrlochs durch mechanische, chemische, thermische oder explosive Mittel (*Oil and Gas Conservation Act*, Section 1(1)(h)).
Gewinnung (primär) – Gewinnung von Öl durch natürlichen Entleerungsprozess, nur als Volumen gemessen, das aufbereitet oder als Teil des vor Ort befindlichen Öls vorhanden ist.
Handelsübliches Gas – Ein Volumen an Gas, das zu einer bestimmten Zeitperiode umgesetzt wurde. Dieses Gas kann mit Gas aus der Lagerung mengenmäßig erhöht werden.
Höchstpotential – Schätzung der Erstfestsetzung von Reserven, die in einem Abbau erschlossen wird, nachdem alle Forschungs- und Erschließungstätigkeiten abgeschlossen sind, unter Berücksichtigung der geologischen Schürfprobe des Abbaus und der vorhergesehenen technologischen und wirtschaftlichen Bedingungen. Höchstpotential umfasst die kumulative Produktion, die verbleibenden festgestellten Reserven und zukünftige Anlagerungen durch Extensionen und Revisionen der bestehenden ölhaltigen Lagerstätten und die Entdeckung neuer Lagerstätten. Höchstpotential kann durch die folgende einfache Gleichung ausgedrückt werden: Höchstpotential = Erstfestsetzung von Reserven + Anlagerungen und bestehende Öllagerstätten + zukünftige Entdeckungen.
Kondensat – Eine Mischung, hauptsächlich aus Pentanen und schwerem Hydrokarbon, das mit Schwefelzusammensetzungen verunreinigt sein kann und am Bohrloch eines unterirdischen Reservoirs erschlossen oder erschließbar ist. Es kann in seinem ursprünglichen Reservoirszustand gasförmig sein, wird aber flüssig unter den Bedingungen, unter denen es gemessen oder geschätzt wird. (*Oil and Gas Conservation Act*, Section 1(1)(d.1)).

Kraft-Wärme-Kopplung – Gasbefeuertes Werk, das der Erzeugung von Strom und Dampf dient.

Lösemittel – Eine geeignete Mischung aus Hydrokarbonen, die von Methan bis zu Plus-Pentanen reichen, aber hauptsächlich aus Methan, Ethan, Propan und Butan bestehen, um in fortgeschrittenen Gewinnungsverfahren eingesetzt zu werden.

Methan – Zusätzlich zur wissenschaftlichen Bedeutung eine Mischung hauptsächlich aus Methan, die normalerweise etwas Ethan, Nitrogen, Helium oder Kohlenstoffdioxid enthalten kann (*Oil and Gas Conservation Act*, Section 1(1)(m.1)).

Mittlere Formationstiefe – Die geschätzte durchschnittliche Tiefe unterhalb der Mitnehmerstange, die in den Mittelpunkt einer Öl- oder Gas erzeugenden Zone zur Bohrung in ein Becken geschoben wird.

Ökonomisch – Quotient von Abraum (Decklage, das abbaufähiges Erz verdeckt) zu Erzlageranteil (in diesem Bericht bezieht sich das auf Kohle oder Ölsand), um die wirtschaftlichen Grenzen, unter denen es wirtschaftlich angeraten ist, die Decklage für die Erschließung des Erzes zu entfernen, zu bestimmen.

Öl – Kondensat, Rohöl oder ein Bestandteil von Rohgas, Kondensat oder Rohöl, das in der Verarbeitung aufgeschlossen wird und die flüssig ist zu den Bedingungen, unter denen das Volumen gemessen oder geschätzt wird (*Oil and Gas Conservation Act*, Section 1(1)(n.1)).

Ölhöffige Dicke (Durchschnitt) – Das Volumen des Gerölls eines Reservoirs an Öl, Ölsand oder Gas, geteilt durch dessen Abbau.

Ölsand – (i) Sand und anderes felsiges Material, das Rohbitumen enthält, (ii) das in solchem Sand und anderem Felsmaterial enthaltene Rohbitumen, (iii) alle anderen mineralischen Substanzen außer Erdgas in Verbindung mit diesem Rohbitumen oder jenem Sand und anderen Felsmaterial wie in den Unterklauseln (i) und (ii) (*Oil Sands Conservation Act*, Section l(l)(o)) genannt.

Ölsandlagerstätten – Ein natürliches Reservoir, das eine Ansammlung an Ölsand enthält oder zu enthalten scheint, getrennt oder anscheinend getrennt von allen anderen solcher Ansammlungen (*Oil and Gas Conservation Act*, Section 1(1)(o.1)).

Plus-Pentane – Eine Mischung hauptsächlich aus Pentanen und schwererem Hydrokarbon, das aus der Verarbeitung von Rohgas, Kondensat oder Rohöl gewonnen wird (*Oil and Gas Conservation Act*, 1(1)(p)).

Pool (Becken) – Ein natürliches unterirdisches Reservoir, das eine Ansammlung and Öl oder Gas enthält oder zu enthalten scheint, getrennt oder anscheinend getrennt von allen anderen solcher Ansammlungen (*Oil and Gas Conservation Act*, Section 1(1)(q)).

Porosität – Der effektive Porenraum des Felsvolumens, der durch eine Kernanalyse festgestellt wird, und die Bohrprofildaten, gemessen als ein Bruchteil des Felsvolumens.

Propan – Zusätzlich zu der normalen wissenschaftlichen Bedeutung eine Mischung, hauptsächlich aus Propan, die normalerweise etwas Ethan oder Butan enthalten kann (*Oil and Gas Conservation Act*, Section 1(1)(s)).

Raffinerie – Leichtölprodukte, die in einer Raffinerie erzeugt werden; umfasst Gasolin und **verbleibende festgestellte Restreserven**: Erstfestsetzung von Reserven abzüglich kumulativer Produktion.

Raffinierte Petroleumprodukte – Endprodukte im Raffinierungsverfahren.

Rohbitumen – Ein natürlich vorkommendes, viskoses Gemisch, hautsächlich aus Hydrokarbon, schwerer als Pentan, das Schwefelzusammensetzungen enthalten kann und das in seinem natürlichen viskosen Zustand nicht zu einem Bohrloch fließen kann (*Oil Sands Conservation Act*, Section 1(1)(f)).

Rohmaterial – In diesem Bericht bezieht sich Rohmaterial auf das Material, das an eine Raffinerie, eine Ölsandveredelungsanlage oder ein petrochemisches Werk geliefert wird.

Rohöl (konventionell) – Eine Mischung hauptsächlich aus Pentanen und schwerem Hydrokarbon, die mit Schwefelzusammensetzungen verunreinigt sein kann und am Bohrloch eines unterirdischen Reservoirs erschlossen oder erschließbar ist. Es kann in seinem ursprünglichen Reservoirszustand gasförmig sein, wird aber flüssig unter den Bedingungen, unter denen es gemessen oder geschätzt wird und umfasst alle anderen Hydrkarbon-Mischungen, erschlossen oder erschließbar außer Rohgas, Kondensat oder Rohbitumen (*Oil and Gas Conservation Act*, Section 1(1)(f.1)).

Rohöl (leicht-mittel) – Rohöl gilt als leicht oder mittelschwer, wenn es eine Dichte von weniger als 900 kg/m^3 aufweist; das Energy and Utilities Board (EUB) kann Rohöl in bestimmten Fällen anders klassifizieren als in Übereinstimmung mit diesem Kriterium, und zwar im Hinblick auf Marktverwendung und Einkaufsklassifizierung.

Rohöl (schwer) – Rohöl gilt als schweres Rohöl, wenn es eine Dichte von 900 kg/m^3 oder mehr aufweist; das Energy and Utilities Board (EUB) kann Rohöl in bestimmten Fällen anders klassifizieren als in Übereinstimmung mit diesem Kriterium, und zwar im Hinblick auf Marktverwendung und Einkaufsklassifizierung.

Rohöl (synthetisch) – Eine Mischung hauptsächlich aus Pentanen und schwererem Hydrokarbon, die Schwefelverbindungen enthalten kann und aus Rohbitumen gewonnen wird. Es ist unter den Bedingungen, unter denen das Volumen gemessen oder geschätzt wird, flüssig und enthält alle anderen Hydrokarbonmischungen, die so abgeleitet werden (*Oil and Gas Conservation Act*, Section 1(1)(t.1)).

Rückgangsrate – Die jährliche Rückgangsrate der Fördermenge.

Synthetisches Rohöl – Eine Mischung aus Kohlenwasserstoffen, ähnlich dem Rohöl, das aus angereichertem Bitumen aus Ölsand gewonnen wird.

Valorisierung – Rohölvalorisierungen werden aus dem Preis des WTI in Chicago abzüglich Transport und anderer Kosten errechnet, die auf die Lieferung von der Bohrstelle bis zum Markt in Chicago anfallen. Albertas Valosierungspreise werden an den Wechselkurs des US-/Kanadischen Dollars angepasst genauso wie die Unterschiede bei der Rohqualität.

Verdünnungsmittel – Petroleumprodukte mit leichterer Viskosität, die verwendet werden, um das Rohbitumen für das Leiten durch Pipelines zu verflüssigen.

Veredlung – Das Verfahren, das Bitumen und schweres Rohöl in ein Produkt konvertiert, das eine Dichte und Viskosität ähnlich leichtem Rohöl hat.

Zone – Jedes Stratum oder jede Stratenfolge, die vom EUB als eine Zone ausgewiesen wird (*Oil and Gas Conservation Act*, Section 1(1)(z)).

Symbole

Internationale Maßeinheiten (SI)

°C	Grad Celsius
d	day/Tag
boe	barrel of oil equivalent (Maßeinheit für die Energie, die ungefähr bei der Verbrennung von 1 Barrel Rohöl entsteht)
EJ	exajoule
ha	Hektar
J	joule
kg	Kilogramm
kPa	Kilopascal
M	mega
m	Meter
MJ	Megajoule
mol	Mol
SCO	synthetic crude oil (synthetisches Rohöl)
T	tera
t	Tonne
TJ	Terajoule

Traditionelles britisches System

bbl	barrel
Btu	British thermal unit
cf	cubic foot (Raummaß)
°F	Grad Fahrenheit
psia	pounds per square inch absolute (ca. 450 g pro Quadrat-Inch)
psig	pounds per square inch gauge (Pegel zur Messung von psia)

Metrische und britische Entsprechungen

1 m^3 of gas(b) = 35.49373 cubic feet an Gas
(101.325 kPa und 15°C) (14.65 psia und 60°F)
1 m^3 Öl oder Plus-Pentane = 6.2929 Canadian Barrel Öl oder Pentane
(Gleichgewichtsdruck und 15° C) plus (Gleichgewichtsdruck and 60° F)
1 m^3 Wasser = 6.2901 Canadian Barrel Wasser
(Gleichgewichtsdruck and 15° C) (Gleichgewichtsdruck und 60°F)
1 tonne = 0.9842064 (UK) long tons (2240 pounds)
1 tonne = 1.102311 short tons (2000 pounds)
1 kilojoule = 0.9482133 Btu wie im bundesstaatlichen *Gas Inspection Act* (60-61° F) definiert

a Reservedaten sind in diesem Bericht in den internationalen Einheiten dargestellt
b Gasmenge, angegeben bei einem Standarddruck und einer Temperatur von 101,325 kPa bzw. 15° C.

Jim Rogers

Rohstoffe
der attraktivste Markt der Welt

302 Seiten, Hardcover
Preis € 24,90 (D); € 25,60 (A); SFr 43,70
ISBN 978-3-89879-110-6

Alles, was Jim Rogers in seinem Leben anpackte, wurde zu einem durchschlagenden Erfolg. Bereits mit 37 Jahren beendete er offiziell sein Arbeitsleben, nachdem er mit seinem Quantum Fonds in nur zehn Jahren eine Rendite von mehr als 4000 Prozent eingefahren hatte. Sein Partner dabei war kein Geringerer als der legendäre George Soros. Jim Rogers hatte sich bewiesen, dass er gut war in seinem Geschäft, doch das genügte ihm nicht. Rogers fasst all seine Erfahrungen zusammen und zeigt dem Leser, worauf es bei Investments ankommt.

Jim Rogers

Die Abenteuer eines Kapitalisten

317 Seiten, Hardcover
Preis € 24,90 (D); € 25,60 (A); SFr 43,70
ISBN 978-3-89879-135-9

In seinem neuen Buch nimmt Jim Rogers die Leser mit auf eine spannende Reise rund um den Erdball. Motiviert von seinem unstillbaren Durst, unbeschönigt aus erster Hand zu erfahren, was in der Welt vor sich geht, plante er sein dreijähriges Projekt. In seinen Augen bedeutet die Welt kennen lernen, sich vor Ort selbst zu organisieren und nicht von anderen in Watte gepackt durch eine Scheinwelt geführt zu werden. Der Autor legt besonderen Wert darauf, vielen Menschen unterschiedlicher sozialer Herkunft zu begegnen, um sich so eine umfassende Meinung bilden zu können.

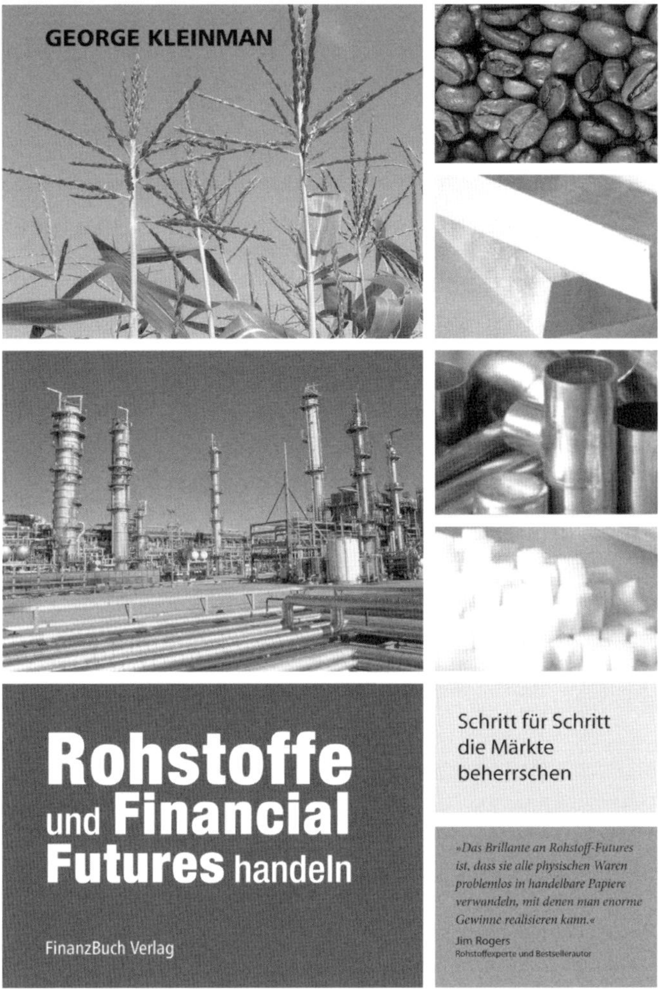
GEORGE KLEINMAN
Rohstoffe und Financial Futures handeln
FinanzBuch Verlag
Schritt für Schritt die Märkte beherrschen
»Das Brillante an Rohstoff-Futures ist, dass sie alle physischen Waren problemlos in handelbare Papiere verwandeln, mit denen man enorme Gewinne realisieren kann.«
Jim Rogers
Rohstoffexperte und Bestsellerautor